U0643772

小企业金融丛书
中国社会科学院中小银行研究基地文库

中小企业融资指引

A Guide to SME Financing

［美国］ 戴维·门罗（David Munro） 著

林治乾 译

中国金融出版社

责任编辑：张哲强
责任校对：刘　明
责任印制：丁淮宾

北京版权合同登记图字 01 - 2014 - 0737
《中小企业融资指引》中文简体字版专有出版权属中国金融出版社所有，
不得翻印。

图书在版编目（CIP）数据

中小企业融资指引（Zhongxiao Qiye Rongzi Zhiyin）／ ［美］戴
维·门罗著；林治乾译 . —北京：中国金融出版社，2015. 9
ISBN 978 - 7 - 5049 - 8065 - 6

Ⅰ . ①中…　Ⅱ . ①戴…②林…　Ⅲ . ①中小企业—企业融资—
研究　Ⅳ . ①F276. 3

中国版本图书馆 CIP 数据核字（2015）第 174908 号

出版
发行　　中国金融出版社

社址　　北京市丰台区益泽路 2 号
市场开发部　（010）63266347，63805472，63439533（传真）
网 上 书 店　http://www. chinafph. com
　　　　　　（010）63286832，63365686（传真）
读者服务部　（010）66070833，62568380
邮编　　100071
经销　　新华书店
印刷　　保利达印务有限公司
尺寸　　148 毫米 × 210 毫米
印张　　4. 125
字数　　108 千
版次　　2015 年 9 月第 1 版
印次　　2015 年 9 月第 1 次印刷
定价　　38. 00 元
ISBN 978 - 7 - 5049 - 8065 - 6/F. 7625
如出现印装错误本社负责调换　联系电话（010）63263947

丛书总序

　　随着经济全球化的不断推进，以及科学技术的创新和发展，全球的企业组织形态出现了两种截然不同的趋势：一是并购浪潮迭起，行业巨头垄断市场份额；二是中小企业繁荣发展，成为社会经济体系不可或缺的组成部分。从中国的经济运行状况看，中小企业对民生、就业、创新和税收具有的重要意义毋庸赘言，但是发展过程中存在的金融服务资源分配不合理、融资难度大等共性问题一直明显存在。

　　从中国经济周期的波动情况看，往往在经济的回落阶段和紧缩阶段，中小企业成熟的紧缩压力常常因为融资渠道的单一等而受到更大的冲击，如何在充分借鉴国际经验的基础上，立足中国的金融市场环境，着手化解中小企业融资难问题，成为下一步金融改革的重要问题。

　　在新的经济金融环境下，中国的金融改革应当如何推进？从金融改革已经取得的成就和当前实体经济对金融业的现实需求看，小微企业金融服务相对滞后，利率市场化等推进相对谨慎，经济相对欠发达的农村以及中西部地区的金融服务供给不足。从金融服务于实体经济的总体要求出发，小微金融服务的改进与上述金融服务需求都程度不同地相关，并可能成为下一阶段金融改革的重点。小微金融的有效发展，可以服务"三农"、完善农村金融服务，缓解农村金融市场资金需求；培育和发展竞争性农村金融市场，开辟满足农民和农村小微企业资金需求的新渠道，进而促进经济欠发达地区的经济发展；有利于合理有效利用民间资本，引导和促进民间融资规范发展；以及支持小微企业发展，缓解小微企业融资难问题。

据统计，当前中国具有法人资格的中小企业 1 000 多万户，占全国企业总数的 99%，贡献了中国 60% 的 GDP、50% 的税收，创造了 75% 的新增城镇就业机会。我国中央银行发布的《2011 年金融机构贷款投向统计报告》显示，截至 2011 年 12 月末，小企业贷款（含票据贴现）余额为 10.76 万亿元，同比增长 25.8%，比上年末下降 3.9 个百分点。全国工商联调查显示，规模以下的小企业 90% 没有与金融机构发生任何借贷关系，小微企业 95% 没有与金融机构发生任何借贷关系。中小企业为社会创造的价值和与其获得的金融资源相比是明显不匹配。特别是在经济紧缩时期，金融机构容易将更为稀缺的信贷等金融资源向大型企业倾斜，客观上形成对小微企业的挤压，加大了小微企业的经营压力。

要逐步缓解这个问题，需要针对小微金融的不同金融需求，为不同的金融机构找到为小微企业服务的商业定位与可行的商业模式，一方面要积极发展村镇银行、小贷公司等小微金融机构，同时要推动大型的商业银行为小微企业提供服务，大型商业银行要通过建立差异化的考核机制和商业模式推进客户结构调整。

当前金融业严格的准入管制，使得面向小微企业的金融服务明显不足，即便是在民间融资十分活跃的 2011 年，主要面向小微企业的小贷公司在年底的贷款余额也仅仅达到 3 914.74 亿元，仍远远不能满足市场的需求。其实，不仅小贷公司，从整个金融机构的分布看，在小微企业较为集中的中小城镇，能够提供金融服务的金融机构十分有限，金融服务的供应不足，也使得面向小微企业的金融服务市场竞争不充分，从而使得小微企业贷款利率相对较高。从这个意义上说，面向小微企业服务的金融业的严格准入管制导致竞争不充分，直接提高了小微企业的融资成本。而且严格的准入管制，带来了显著的牌照溢价，也使得金融机构往往习惯于依赖牌照管制带来的溢价等来经营，内在的改进经营管理的动力不足。

因此应当适当放松管制指标，以促进小贷公司等小微金融机构为小微企业提供金融服务，并通过引进新的小贷公司，促进竞争，降低小微企业贷款成本。

小微金融机构可持续发展的内涵是小微金融机构提供的金融服务所获得的收入可以覆盖其营业成本和资金成本，以实现其独立生存并不断发展壮大，小微金融机构的财务可持续性是其主要内容之一。

从总体上看，利率市场化有利于促进小微金融机构本身的财务可持续发展。从发展历史看，中国的一些早期小额信贷经营状况欠佳的原因之一是政策导向上一度错误地认为低利率才是"扶贫"，这一方面使得商业化的金融机构不愿意从事小额信贷业务，或者从事小额信贷业务的机构只能依靠扶持性质的特定外部资金，从而无法实现小贷公司的财务独立；另一方面低利率可能导致的寻租现象往往使得真正需要资金的小微企业无法获得信贷机会和资金扶持。可见，要促进小微金融机构的健康可持续发展，就必须使其能够通过正常经营获取必要的利润，十分重要的一点就是逐步对小微企业金融服务放开利率的管制。

在利率市场化的过程中，小微金融机构应聚焦小微企业的客户定位，提供那些最能体现小微企业需求的金融服务，并发挥小微金融机构区域特征明显、信息成本较低以及业务审批速度快、交易成本较低的优势，集中精力发展有潜质的小微企业客户，加强小微企业金融服务的风险管理创新，调整业务结构和业务竞争能力，走与大银行等大型金融机构有差异化的发展道路。这样在客观上也有利于推动整个金融结构的调整。

从实践经验来看，不同国家和地区解决中小企业融资问题的方法各有千秋，成效也不尽相同。在南亚，格莱珉银行有力地推动了小额信贷发展，虽然格莱珉银行主要的贷款对象是贫困妇女，贷款的主要目的和意义在于扶贫，但其在运用担保方式降低贷款信用风险方面的做法还是值得金融机构借鉴的，其为解决世界贫困问题所作出的贡献值得深入分析；中国台湾地区在中小企业金融服务方面也有不少成熟的经验，金融机构等不仅提供资金、减免税收，还全方位地为中小企业提供信息和技术，培育中小企业成长的沃土。

在欧洲，虽然各国情况略有差异，但中小企业最重要的融资渠道还是银行信贷，银行也十分注重与中小企业的信贷业务关系，银行业有针对中小企业的信用评级系统，也建立了较为完善的中小企业信用记录档案；美国则发展了成熟的中小银行和社区银行网络来对中小企业和个人提供金融服务，其提供的金融产品不仅限于信贷方面，还包括各种金融工具和衍生品，可以说是多层次、多样化的金融服务。

从当前的情况看，要解决中小企业信息不对称问题，满足中小企业融资需求，就要从多个方面着手，重点是建立适应中小企业特征、迎合中小企业需要的银行服务体系。只有为中小企业度身打造一套科学完整的风险定价、贷款审批、贷后管理系统，培养专门的人才队伍，才能为其提供对口的金融服务，逐步化解中小企业的融资难问题。

在这方面，一些中国本土金融机构已经作出了不少有益的实践并取得了一些经验，事实证明，地方性金融机构所具有的地缘优势和人力资源优势特别适合发展中小企业信贷这种"劳动力密集型"业务。此外，在信贷的基础上还能够进一步展开相关的金融服务，为中小企业提供更加充足的金融资源。还有一些将中国实际市场状况与成熟的商业模式、信贷模式相结合而搭建的微小贷款平台，为推动我国微金融和普惠金融发展作出了积极的探索，同时也为解决中小企业融资问题开辟了新的路径。

现在一些大型的金融机构也开始注重开辟中小企业金融服务市

场。大型金融机构在这方面拥有强大的技术优势和营销优势，即使是零售业务也能够进行批量化推广。一方面通过标准化产品为客户提供简单快速的服务，另一方面也可以为目标客户群量身定做融资方案，进行全方位服务。除了银行贷款以外，还要完善其他各种融资渠道。例如鼓励发展机构和个人创办的天使投资基金，为初创期的企业提供成长的资金支持；放宽民间资本进入金融业，引导民间融资规范化运作。

健全的金融系统对一个经济体所起的作用应该类似于灌溉系统，将源源不断的资源充分有效地分配于社会各个阶层，满足不同主体的需要。目前我国已有不少对于国内中小企业金融服务的研究及对国外经验的借鉴分析，即将陆续出版的这套小企业金融丛书可以进一步围绕小企业金融，提供有特色的专业研究成果。

小企业金融丛书涉及小企业金融服务的方方面面，既包括研究社区银行、小贷公司等专门为小企业提供金融服务的机构方面的书籍，又包括小企业信用风险评估、融资担保方式等技术层面的实用手册和研究报告；既有国外文献的译著，又有针对国内问题的著述，详细系统地介绍了小企业金融的各个方面。希望这套丛书能够为我国小企业和金融业的发展开辟新的视野，带来新的启迪。

是为序。

巴曙松

研究员、

中国银行业协会首席经济学家、

香港交易及结算所首席中国经济学家、

中国宏观经济学会副秘书长

序 一

过去十年，是中国经济高速增长、中国银行业高度繁荣的十年。随着中国经济由高速增长逐渐过渡到中高速增长的新常态，经济结构和经济增长方式都将发生变化，中国银行业面临的竞争环境也将发生重大改变。宏观经济下行、金融脱媒、利率市场化、民营银行准入和互联网金融是中国银行业正在面对的五重冲击。未来，中国银行业的客户结构和风险偏好都将被迫改变。

随着资本市场的发展深化，大中型企业将越来越多地转向直接融资，商业银行的客户结构将被迫下移，目标客户群将被迫由大中型企业为主向中小企业为主转变。而行业增速的放缓和利率市场化后无风险利差的收窄，也将迫使商业银行调整风险偏好，主动选择高风险、高收益的中小企业客户，以维持较稳定的收益率水平。而对中小银行来说，客户结构和风险偏好下移的压力更大。因为国有和股份制商业银行客户结构的下移，将挤压中小银行原有的客户群，迫使中小银行的目标客户群向中小企业转移；实体网点向县域、乡镇和社区下沉后，可供中小银行选择的客户群也以中小企业客户为主。因此，主动适应行业变化，积极调整客户结构和风险偏好，主动向中小企业客户转移是中小银行未来转型的重要战略选择。

《中小企业融资指引》（以下简称《指引》）一书是作者戴维·门罗（David Munro）在美国国际开发署（USAID）、国际金融公司（IFC）以及其他机构设计并实施 SME 融资项目 30 多年从业经验的积累。在《指引》中，门罗重点指出中中小企业融资是适合商业银行的业务；开展中小企业融资有助于银行建立稳定的、广泛的和多元化的资产组合；并且，在企业发展早期阶段与其建立全面的业务关系，对于商业银行建立并保持稳定的资产组合十分关键。没有准确的财务信息、缺少可靠的征信机构和有效抵押不足等是所有发展中国家银行开展中小企业融资业务都面临的共同问题。戴维·门罗在本书中提炼出一套有效的、适合发展中国家银行开展中小企业融资业务的基本指导原则，可以为发展中国家商业银行建立适当的贷款申请、信贷分析、贷款审批以及贷款管理能力提供详细的指导。

本书译者林治乾博士是我在中国社会科学院金融研究所的博士后，具有十多年的银行从业经验，长期关注商业银行中小企业贷款业务理论与实践。希望《指引》的引入，能够帮助国内商业银行尤其是中小商业银行的管理层认识到中小企业贷款业务具有坚实的业务和市场基础，在经济上具有可持续性；能够鼓励中小银行的管理层主动进入盈利前景广阔的中小企业融资业务领域。但同时我们也应该认识到，中小企业融资业务能力的建立是一项长期复杂的工作，需要从技术、流程和人员的培训等多方面入手。

2015 年 6 月

（作者系《银行家》杂志主编、
中国社科院金融所前党委书记、副所长）

序　　二

　　当前，中国银行业正处于大变革时期。利率市场化进程即将完成，市场准入开放的步伐正逐步加快。同时，银行业还面临着宏观经济下行、金融脱媒和互联网金融等多重冲击。对众多中小银行来说，大变革意味着大挑战，但同时也孕育着大机遇。如何在日趋激烈的市场竞争环境中脱颖而出，实现生存、发展并不断壮大？成功的战略转型是关键。成功的战略转型将帮助中小银行确立差异化的竞争优势，在利率市场化与民营银行准入开放之后能够成功实现突围。否则，将不可避免地陷入同质化竞争的价格战泥沼，导致利差收窄、盈利能力下降、资产质量下滑。

　　由于经营水平和实力的不同，不同类型的银行需要采取差异化的战略定位、差异化的竞争策略以实现差异化的竞争优势。对于国有银行和股份制银行等大中型银行，综合化和国际化将是战略转型的重要方向。而对中小银行来说，充分发挥本地化和专业化的优势，加快推动客户结构向中小企业和零售业务转型，实现与国有和股份制等大中型商业银行的优势互补，是战略转型的重要选择。未来，中小银行需要真正重视中小企业业务，充分发挥其深入本地社区，了解本地经济、居民和企业的优势，继续深入拓展中小企业业务。

　　中小企业是我国经济的重要组成部分，在发展经济、扩大就业、增加税收，甚至技术创新等方面都发挥着重要的作用。但同时，中小企业融资难也是长期困扰中小企业发展的重要因素。作为一家城市商业银行，青岛银行长期关注中小企业业务发展，重视中小企业贷款业务。中小企业是青岛银行的主要客户群体，占全行对公客户数的比重超过 90%。青岛银行非常重视中小企业产品创新，先后推出"采购贷""链易贷""中合贷"等业务品种，已经形成完整的中小企业金融产品线。截至 2014 年末，青岛辖区银监会考核口径小企业贷款余额超过 200 亿元，有力地支持了地方经济的繁荣与发展。当前，青岛银行业正面临着战略转型的重要任务。客户结构由过去的以对公为主、以大中企业为主向零售业务、中小企业业务转型是我们面临的一项长期和艰巨的任务。

但是，与大中型企业业务相比，中小企业业务不仅风险水平更高，而且其业务流程、授信技术和风险控制方法都存在显著差异。对商业银行来说，中小企业业务能力的建立不是一朝一夕的事情，而是一项长期而艰难的任务。我行林治乾博士翻译的戴维·门罗（David Munro）的《中小企业融资指引》一书从什么是中小企业，为什么中小企业适合银行融资入手，系统地介绍了中小企业贷款申请、分析和审批流程、员工培训、贷款协议和所需文件、市场营销与资产组合创建、贷款收益/信贷人员/市场营销人员绩效监测、价值主张/产品类型、贷款担保的作用等中小企业融资业务中重要环节和事项，对于我国商业银行或其他有志于中小企业业务的非银行金融机构都有非常重要的借鉴意义。

2015 年 6 月

（作者系青岛银行党委书记、董事长）

"救助时常就存在于我们自身，我们却说来自上天。"

——威廉·莎士比亚，载《终成眷属》。

致　　谢

感谢过去这些年中和我一起工作过的同事们。正是和他们一起工作的这些年，我逐步整理形成了本书中介绍的方法。需要感谢的人很多，但我特别要向我在埃及发展与农业信贷银行（尤其是在 Beni Suef、Sharqiyyah 和 Daqaliyyah 的省银行）的前同事、勇敢的团队成员 Sameh Saad ad – Din, Hamdi Gad 和 Ashraf, 以及（前）巴勒斯坦商业银行——现约旦银行的一部分、蒙古国乌兰巴托的萨克银行（Xac Bank）、喀土穆和 AL – 奥贝德（Tayfour Osman 和 Mousa Zakariah）的苏丹农业银行、拉各斯的钻石银行、伊拉克银行界的众多朋友以及 2003 年到 2011 年间在伊拉克共事多年的 Brian McGill 和 Chuck Vokral, 致以敬意！尽管共同从事 SME 信贷业务多年，但在共同经历了 2005 年 4 月车队被袭击事件之后，Chuck 和我之间的关系变得更加紧密。

从我的伊拉克银行家朋友那里，我认识到（或者说，是重新认识到）在设计信贷策略和信贷项目时，了解你所生活和工作的市场与社会是多么的重要——这是一个永远不应该被忘记的教训。

最后，我还要感谢我的前同事、上司兼好友唐纳德·科特（Donal Cotter），我多年的朋友兼导师戴尔·W. 亚当斯（Dale W Adams），他们对本书进行了审阅并提出有益的建议。真诚地感谢尼日利亚钻石银行的驰马・纳多齐（Chima Nnadozie）。驰马是我在尼日利亚主持 SME 融资项目时的宝贵助手、合作者和左膀右臂。今天，该项目已经发放贷款的余额超过 1.5 亿美元，受益的中小企业遍及尼日利亚。

感谢上述所有人。最后，文责自负！

目　　录

图表目录

引言：发展中经济体 SMEs 的现状与前景

摘要：引言部分清楚地说明，小额信贷和 SME（中小企业）融资之间存在本质的区别。不仅企业的性质本身存在差异，其融资方法也不相同。SME 融资业务适宜于银行，而小额信贷则不然。本指引主要适用于发展中经济体的 SME 融资，而不是发达经济体。在发展中经济体和发达经济体这两种经济环境中，信息来源的性质以及企业自身的复杂程度都存在显著差异。

在很多发展中国家，SMEs 提供了就业的渠道，其雇员人数占劳动人口的很大比例。

开展 SME 融资业务有助于银行建立广泛的、多元化的信贷资产组合。本指引介绍了一种逐步建立 SME 融资能力的方法，适用于银行、非银行金融机构、捐助机构、学术机构、非政府组织（NGOs）以及咨询公司。

过去几十年，小型企业和中型企业融资（即 SME 融资）已经从小额信贷（广义的小额信贷）中一个略显深奥的分支发展为开发领域的主要业务。与这个过程相伴的，既有一定程度的职业化，也有一定程度的学术兴趣。后者关注的主要是小额信贷，而本书作者认为小额信贷与 SME 融资存在本质的区别。

小额信贷在很大程度上是非政府组织（NGOs）的保留业务，而 SME 融资则日益被看成是适宜于商业银行的业务。第 3 章将对此有更加详细的论述。但一言以蔽之，作者认为，基于可持续发展的目的以及在稳健的财务基础上开展经营活动的常识性要求——换句话说，即能够实现盈利——当商业银行是主要的信贷资金提供者时，SME 群体能得到最好的服务。

在以 SME 融资为主题的各种论坛上，可以看到，参与者的背景多种多样，既有来自发达经济体的，也有来自发展中经济体的；既有学者，也有银行家、开发领域参与者，还有信用评级机构的代表。这还是仅举几例。尽管这些讨论通常是有益且发人深省的，但参与者背景的广泛性及其所代表的经济体间巨大的差异，不仅无助于形成一套统一的方法；而且，对于我们这些发展中经济体的从业者而言，反而会把事情搞得更糟。

本书是关于发展中经济体 SME 融资问题的，而且关注的重点是规模较小的中小企业。作者的经验来自于这样一种环境：财务信息缺乏、金融机构相对不成熟、征信机构甚至商会等第三方资源缺失、管理水平低下或监管程序不当、训练有素的银行员工不足（包括银行管理人员）、充满挑战的企业经营环境等。本书关注的重点是银行信贷，但对开发金融的非政府组织（NGO）提供者、捐助机构、咨询公司以及科研机构也将有所帮助。本书是从一个从业者的角度写的，书中介绍的方法，尤其是借贷平台，是作者在 USAID、IFC 以及其他机构设计并实施 SME 融资项目 30 多年从业经验的积累。作者尝试提炼出最有效的方法，抛弃那些无效的方法，并提供一些适用于整个发展中世界的指导原则。本书并不是各种出版物中描述的、众多捐助机构推广的"最佳实践"的概要，而是作者本人发现的并在各种充满挑战性的环境中取得成果的不同方法的综合。

大多数发展中经济体在很大程度上依靠小型和中型企业为绝大部分经济活跃的市民提供就业岗位。通常，SME 融资项目都是由捐助机构推广，作为医治所有社会问题的万灵药——创造就业岗位和促进经济增长的立竿见影的"良方"。实际上，真实世界要复杂得多，也不会遵从这些简单的解决方案。按照作者的观点，用创造就业岗位的多少来评价 SME 项目是错误的：贷款金额与创造的就业岗位之间并不存在可预测的一致的相关性关系。尽管按照约定俗成的习惯，许多 SME 贷款项目假定存在这种关系。

如果针对企业融资进行一项实际调查，供应链上下游企业新增的就业岗位可能超过我们的估计；但也可能由于一个公司的扩张导致其竞争对手公司雇员人数减少，最终实际增加的就业岗位少于我们的估计。

用发放贷款的笔数和金额、还款率、贷款发放机构从 SME 融资业务所获得的利润评估 SME 项目更加合理。对宏观经济的影响，可以用贷款发放前和贷款发放后销售额的总差额（以不变货币单位计算）估计 GDP 的增长。当然，这里假设获得融资的企业对其他企业没有挤出效应。

SMEs 是发展中国家经济的重要组成部分（对发达国家也是如此）。但在发展中世界，除了就业机会，它们往往还要提供并执行社会其他群体无法提供的服务和职能。其中包括：

1. 对年轻人的职业培训（作为学徒进行在职辅导），否则他们只能失业并始终缺乏一技之长。

2. 其次，将年轻雇员置于工作场所的要求和规则之下（如准时上班、在规定的工作时间内完成要求的工作量）。

3. 为年轻人提供归属感和目的性。

4. 具有特殊文化属性的中介服务，如通过在交涉申请表格、获取邮票和许可、写信———一种发达经济体中很难见到的第三世界国家的商业模式———等方面提供帮助，帮助市民获得政府项目、申请工作岗位和政府福利等。另外一个具有高度特殊文化属性服务的例子是在印度为上班族提供家庭自制午餐的服务。

5. 满足特定需求的文化活动（如婚礼殿堂或"宫殿"，节庆日帐篷、椅子和管弦乐团的出租，季节性地为宗教或其他庆祝活动提供特殊食物或甜点）。

6. 小规模生产某些产品。在发达国家，因为手工业者大部分已经消失，这些产品通常由大公司批量生产。如细工木匠、金属门框和门的制造者，甚至在某些进口正品汽车部件非常昂贵的地方的仿制汽车部件的制造者。生产昂贵的进口产品的替代品是发展中国家常见的商业模式。

　　与世界许多地方对待新生事物时的态度一样，发展中国家的银行同样对是否为新成立的、未经检验的企业提供融资而感到犹豫。无论在什么地方，新成立的企业在起步阶段一般依靠自身储蓄和家庭资金提供资金扶持。企业一旦起步并拥有一定的财务记录之后，差异就开始显现。在发达国家，有众多的融资渠道：例如在美国，风险投资基金是新兴科技产业的主要投资者。很多国家都有与美国小企业管理局类似的机构为新成立的企业提供贷款。发达国家政府有"孵化器"项目以帮助新成立企业成长。这些企业一旦得到关注，并表明在中期可能实现正的现金流，就会引起银行的兴趣。而在发展中国家，这些融资渠道在很大程度上是不存在的。在我工作过的这些国家，银行普遍不具备全面信贷风险分析的能力（往往被归结为缺少可靠的信息，但更多是由于内部分析能力不强）。因此，银行只能依靠实物抵押和家庭名声/声誉作为信誉的衡量标准或替代。

　　可以在很多银行倒闭的案例中找到充足的证据证明这些授信基础实际上是不可靠的，这些实物抵押品的留置权被证明无法变现。即使银行已经取得抵押品的所有权，往往也无法按照清偿逾期贷款余额所需的价值对这些抵押品进行处置。另外，在经济衰退时期（或政治精英被取代事件中），过度集中于当地政治或经济要人（及其亲属）的贷款组合可能导致一家银行迅速倒闭。

　　正如市场营销和资产组合创建一章（第8章）中将进一步解释的，拥有一个广泛的、多元化的资产组合总是要优于一个单一的、集中的资产组合。这意味着应该尽可能地避免各种风险集聚：行业的、地区的（如果可能的话）、依赖有限的供应商、技术进步导致产品线落伍产品过时的、被替代的、客户基础有限的以及最重要的所有制类型。

SME 融资特别适合于提供稳定的、广泛的和多元化的资产组合。相对较小的信贷敞口被分散到多个资产篮中，而不是将所有的鸡蛋放到同一个篮子中。

作者曾与多家银行合作。最初，他们对推荐的贷款方法都十分疑虑。但当账面上的贷款资产达到较大规模，且逾期贷款被控制在风险资产组合的 1% ~ 2% 的水平后，他们的态度都发生了转变。在不止一个案例中，SME 贷款资产成为信贷业务条线中表现最好的产品线。我曾经工作过的一家银行，由于其发放给本地政治关联人的"熟人体系网"的贷款发生问题，最终由央行安排而被一家竞争对手所兼并。SME 资产组合是其生息资产中唯一的亮点。但不幸的是其规模不够大，当其他资产发生减值时，其不足以避免灾难的发生。

接下来的章节将向高级管理人员说明 SME 贷款是适合于商业银行的业务，并为建立适当的贷款申请、信贷分析、贷款审批以及贷款管理能力提供详细的、逐步的指导。在有关贷款文件的章节将就贷款协议给出一定的建议。基于作者在创建一个高度自动化的贷款申请、信贷分析和（部分自动化的）审批程序中的丰富经验，还将对自动化流程的重要性进行探讨。

接下来的章节，是对信贷/市场营销人员的培训及相关建议。最后的章节将介绍两种基本的贷款产品。

作者希望接下来的章节对发展中国家的银行和其他关注 SME 融资的机构都将有所帮助，能够鼓励银行的管理层进入盈利前景广阔的 SME 融资领域。需要注意的是，除了银行，该指引的目标读者也包括开发实践者——咨询公司和非政府组织（NGOs）——以及双边和多边 SME 贷款项目的捐助机构/赞助机构。

综观全书，作者尽力避免晦涩难懂的术语，而代之以简明扼要的说明。阿尔弗雷德·A. 克诺夫对于经济学家的描述——将简单的事情用复杂的术语表达出来的人——不适用于本书。

1. 什么是中小企业？

摘要：以规模（总资产、销售收入、雇员人数）为标准的中小企业定义在国与国之间差异巨大，难以进行比较。因此，根据组织规范的复杂程度区分 SMEs 和微型企业、大型企业更加合理。本章将对公司治理结构进行详细探讨。

这是一个困扰援助人员已久并很容易引起激烈争论的问题。援助项目和捐助机构通常根据资产规模、雇员人数、年销售收入等指标中的一个或几个的综合来定义 SMEs。尽管这些定义在某些特定情况下是有效的，但通常无法在国与国之间进行比较。以下解释将有助于澄清这些以规模为标准的定义存在的问题。

美国政府将 SMEs 定义如下：微型企业，雇员人数少于 10 人；小企业，雇员人数少于 50 人；中型企业，雇员人数少于 250 人。尽管这样，美国小企业管理局也会为雇员人数多达 500 人的企业提供贷款支持。当我在尼日利亚参与一个中小企业贷款项目时，尼日利亚政府将 SMEs 定义为资产（不包括土地和营运资金）不超过 310 万美元（除非特别提及，所有货币都是以美元为单位）的企业。最大政府投资指引（旨在帮助新成立企业的一个项目）的金额是 130 万美元。符合 SME 条件的企业的最大雇员人数是 250 人（但是，在尼日利亚 97% 的企业雇员人数不足 100 人）。我参与的这个项目的 SME 贷款上限是 100 万美元。但是，该项目所依托的银行将这种规模的贷款定义为"公司（贷款）"。由于"小型""中型"和"公司"贷款的本金范围各不相同，为了将银行内部的分类标准与捐助机构的定义一致，在编写报告中需要包含所有零售业务条线的贷款和一部分的公司业务条线的贷款。因此，为捐助机构准备月度报告是一项非常繁复的工作。

由同一捐助机构 9 年前在巴勒斯坦资助的另一个项目中，预期的平均贷款规模大约是 1 000 美元的当地货币，任何超过 30 000 美元的贷款都需要华盛顿总部的签批。

此前几年，我参与了埃及国家农业发展银行的一个持续多年的项目。在该项目中，SME 贷款的规模通常是几百美元。现在，无论在埃及还是其他地方这都属于小额信贷的范畴。

用年销售额（销售收入）作为确定企业规模的指标也同样不可行。发达国家一个很小的营业额在发展中国家也可能是非常巨大的。

对作者来说，根据企业的公司治理结构和某些业务属性，而不是规模，来定义中小企业更有意义。因为，当从另外一个发展中国家借款时，以规模为标准的定义往往会变得不适用。

SMEs 不是微型企业

首先要区分的是微型企业和 SMEs。通常，微型企业：

➤ 是单一业主/工人或家庭企业；

➤ 非正式部门未经注册、核准的商业经营活动；

➤ 通常，在企业主的家庭住所之外没有固定的房产或经营场所；

➤ 缺少固定资产；

➤ 经营费用，如租金，即使有也很少（主要费用是所销售货物的成本）；

➤ 没有保存财务记录，没有银行账户（很多"小"企业的情况也是如此）。

同时研究微型企业和 SMEs 的发展经济学家们认为，微型企业关注的重点是"风险最小化以图生存"；而 SMEs 关注的重点是利润最大化，商业定位更符合银行贷款的原则。[①]

SMEs 的特征

与微型企业相反，通常，SMEs：

➢ 可能是家庭企业，但通常会雇用非家庭成员；

➢ 在企业主的家庭住所之外拥有固定的经营场所；

➢ 通常在地方当局注册并拥有税务识别码；

➢ 拥有固定资产；

➢ 支付租金、雇员薪水、为雇员投保社会保险项目、纳税；

➢ 保持基本的财务记录（销售账簿、订单账簿、来自供应商的合同文本、付款记录）。

一旦企业达到"中等"规模，无论是根据数量还是财务状况定义，员工都将有与特定职责对应的职能性职务。通常，中等规模的企业都会保留财务记录，甚至是经过审计的财务报表。

通常，小型企业不会严格区分家庭和企业的费用支出。

小型和中型企业是制造业、服务业、农业和商贸业（批发及零售）等行业的经营主体。

SMEs 不是大企业

SMEs 与大型企业的区别体现在哪里？规模当然是一种要素。不论 SME 如何定义，大公司有更多的雇员，更大规模的资产负债表（从总资产和资本金的角度），更高的销售额。而且，它们更加复杂。而 SMEs——即使是其中较大的中等规模企业——其组织架构都比较简单。大公司庞大的规模决定了它必须要有一系列根据特定职能明确界定的职位。虽然有的大型家族企业通过董事会和高管层控制企业，但它们也像非家族企业那样依靠职业经理人开展具体业务。大型企业区别于 SMEs——甚至较大的中型企业的关键因素体现在哪里？

➤ 公司治理（大型企业通常是股份公司而不是合伙制企业或个人独资企业）；

➤ 董事会，除了那些很大程度上是礼仪性的或代表性的职能（顾问委员会）之外，小型企业没有董事会也能正常运营；

➤ 严格划分业务条线的职能——制造、工厂作业、销售，以及"工作人员"职能——人力资源管理、内控和审计、财务、公共关系；

➤ 正式的或"机构化"的内部沟通和工作流程——通过正式的会议、备忘录、书面的政策和操作手册；

➤ 包括银行贷款以及发行公司债券和股票在内的多种融资渠道；

➤ 需要详细而专业的财务记录和报表；

➤ 需要复杂的信息和通讯技术（ICT）能力；

➤ 更为复杂的财务报告，包括（特别是）中等规模企业所缺少的负债分级（优先和次级债、养老金和健康保险负债、不同等级的股本金、应对各种突发事件的特殊储备）；

➤ 在资产端，可能有对子公司和分支机构的投资、不同等级的短期投资；

➤ 职能划分可能导致多条产品线，地理上分散的生产设施，国外运营，以及多币种的收入流。

尽管这些特征中的很多在中等规模的企业中可能也存在雏形，但一旦 SMEs 成长为"大型"企业（无论是按何种定义），其复杂程度都将提高。

公司治理选择

公司治理结构有三种基本的选择：

1. 个人独资企业；
2. 合伙制企业；
3. 股份公司。

个人独资企业

通常，小企业都是个人独资企业。它们是非法人团体，因此没有"企业代码"。个人独资企业不必为经营性收入纳税：它们被作为个人收入纳入企业主的个人所得税报表中。个人独资企业模式是最容易建立和经营的。然而，企业主对债务承担无限连带责任。她/他个人对所有经营性负债和经营行为负责，且不区分她/他的个人资产与公司资产。

合伙制企业

两个或两个以上的个人可以成立一个合伙制企业。合伙人共同拥有企业资产并对合伙制企业的负债负担无限连带责任（这意味着他们都承担单独及共同连带责任）。合伙制企业是"过渡性"组织，本身不是公司，收益被分配给合伙人，由合伙人分别就从合伙制企业获得的收入纳税。

股份公司

股份公司有"企业代码"。它们是"法人"，其所有者（股东）对公司债务不承担无限连带责任。如果股份公司宣告破产，股东将失去它们所拥有股份的价值，但它们的其他财产不能被用于清偿公司债务。股份公司为它们的利润纳税，它们的股东也要为其个人收入纳税，即所谓的"双重纳税"。

还存在混合制的企业组织形式。

有限责任合伙制企业

这种合伙制企业的合伙人类似于股份公司中的股东。他们对合伙制企业的负债不负连带责任。很多司法体系中，有限责任合伙制企业中要求有一个"一般合伙人"，他要对合伙制企业的债务负连带责任。在美国，可以设立 S 公司，其优势是可以直接将收入分配给股东。公司自身不需要缴纳所得税，因此可以避免普通股份制企业双重纳税的问题。这种形式的公司有规模的限制，而且某些行业（如保险业）不允许采用 S 公司的形式。

有限责任公司

与"S 公司"类似，股东也是有限责任，但公司收入直接分配给他们，避免了双重纳税的情况。

各国的公司组织形式各不相同。其中，"非公众公司"和"私人持股公司"的股份都不能在交易所公开交易。在处理有关公司治理和法律框架问题时，建议咨询当地法律人士。

注释

①罗伯特·C. 沃格尔，杰拉德·舒尔茨：《英洛加勒比地区的金融监管　促进还是阻碍了小额信贷的发展?》，泛美开发银行，2011。

2. 为什么 SMEs 适合银行融资

摘要：对比小额信贷技术与 SME 贷款技术，作者认为银行可以用与处理大型企业贷款相似的方法处理 SMEs 贷款。SME 与大型企业有很多相似的融资需求。本指引重点专注于创建一种适用于 SME 中规模较小群体的贷款方法。

小额信贷技术

本书的核心观点是认为 SMEs 是适合银行授信的价值客户。银行高管经常混淆 SMEs 和微型企业。微型企业融资技术通常包含如下要素：

> ➢ 贷款规模非常小（通常用于增加存货）；

> ➢ 还款周期可以短至一周；

> ➢ "清收"，换句话说，银行或非政府组织（NGO）职员需要亲自拜访借款人以收回到期本金；

> ➢ 是否提供较大金额和/或较长期限的贷款，要根据借款人是否按时偿还了原始借款金额情况而定。

在某些情况下，鼓励集体贷款，通过集体成员的道德劝说，保证每个成员能按时还款。

问题在于，除非是具有专业化的小额信贷营销和清收技术并专业从事小额信贷业务的银行，否则这种业务是高度劳动密集型的且贷款本金额度非常小，最终将导致整个业务无法获利。通常，小额信贷的贷款人通过收取高利率来弥补上述不足。但从流程的角度看，这种贷款方法与标准的银行商业贷款程序不同。几乎从一开始，高成本就是小额信贷的"阿喀琉斯之踵"。小额信贷项目无法自足（像银行那样），通常都要依靠捐助基金补充和增加资本以及放贷资金。从事小额信贷业务的银行在尽力支付给储户市场水平存款利率的同时，还要努力降低开展小额信贷业务的交易成本；很多都需要依靠捐助资金的注入才能维持业务的持续发展。

SME 贷款技术

另外，如果采用适当的步骤转移贷款风险（见第 3 章），SME 融资能够也应该遵循普通的银行贷款程序。

在一个给定的市场中，中小企业贷款相对于其他零售贷款业务通常安全性较差，因此较高的利率水平是合理的。作者认为，与其向 SME 借款人漫天要价，不如尽力降低其风险水平，从而将利率差异保持在合理的水平、从企业的角度看经济上可行的边界之内。

由于 SMEs 几乎遍及所有行业，因此 SME 贷款组合很容易根据风险进行多元化分布。由于和大型企业遵循同样的季节性模式，SMEs 也需要为满足存货的季节性扩张进行融资，是优质的潜在客户。

SMEs 也需要固定资产。相应的，它们也是固定资产投资贷款的潜在客户（可用购买的固定资产为融资提供担保）。

SMEs 通常是新成立企业中较大的。在早期阶段（但不是初创阶段）为它们提供帮助有助于银行今后获得有价值的客户。某种程度上，在当前大规模、低交易成本的市场环境下，关系型银行要生存，在企业的早期发展阶段与其建立并巩固全面的业务关系对于建立并保持稳定的信贷资产组合十分关键。

SMEs 是大型企业供应链的一部分。这将在市场营销一章（第 8 章）中进一步探讨。

在很多国家，无论负债业务还是资产业务，SMEs 对于银行业来说都是一个有待进入的巨大的、未经开发的市场领域。在美国，可靠的统计数据表明，一半的 GDP 由 SMEs 创造。在发展中国家，SMEs 对 GDP 的贡献度可能高达 90%。

在接下来的一章将看到，本指引中介绍的方法要求银行适应中小企业的经营方式（从而降低风险），而不是放弃稳健的信贷原则，来弥补财务信息不足和抵押品缺乏的缺陷。当 SMEs 准备提高业务管理水平、推动业务增长时，该方法将帮助它们在需要从银行获得融资时能够利用较大的业务规模和较强的组织能力争取到更优惠的贷款利率和更灵活的贷款条件。

需要注意的是，本指引中的"SMEs"实际上指的是中小企业中规模较小的部分。银行融资对很多"中型"企业来说并不陌生，它们编制财务报表（甚至是经过审计的财务报表），小企业通常所面临的融资困境对它们来说并不存在。本指引的主要目标是小企业，主题是如何将小企业纳入银行的信贷资产组合。

简而言之，SMEs 和大企业所需的贷款产品大致相同，包括流动资金贷款和项目融资、设备租赁以及信用证和保函等短期信贷。更详细的内容见表 5.1 及其后的介绍。

3. 银行如何突破约束和已知缺陷为 SMEs 提供融资

摘要：通常，SMEs 没有合格的财务报表，抵押物不足，且缺乏专业化的管理（它们通常是家族企业）。除非能够采用成本集约型的贷款方法，否则对于许多小金额的 SMEs 贷款需求来说，交易成本将超过贷款收益。本章将详细探讨转移贷款风险的策略，包括如何利用账务周转信息和行业平均值编制财务报表的指导。这些方法是本指引中介绍的模板驱动方法（template－driven methodology）的一部分。在风险转移策略中将对这种半自动化方法的要素进行详细介绍。

对于商业银行来说，SMEs（尤其是其中的小型企业）通常有如下缺点和风险：

1. 财务记录。SMEs 一般没有保留完整的财务记录，很少编制财务报表，几乎不会有经过审计的财务报表。

2. 有效担保不足。SMEs，尤其是新成立的企业，通常没有多少可用于抵押的固定资产。它们的创始人/管理者通常也没有商业不动产，而在作者曾经生活和工作过的许多发展中国家中，有效担保都被视为授信必不可少的条件。

3. 贷款金额小/交易成本高。指导 SMEs 通过贷款申请流程及进行贷后管理都是时间和劳动力密集型业务，经济性差，收益无法覆盖业务过程中发生的成本。

4. 缺乏专业化的管理。SMEs 通常是家族企业，由创始人经营。员工（无论是否是家庭成员）没有专业性的职业资格，一般也没有本企业之外的经验。

表 3.1 表明，如何对这些合理的看法进行解释和改进，并降低相关风险。

表 3.1 **降低 SME 融资风险的方法**

风险要素	描述	解决方案
财务报表	缺少财务数据	申请/分析表格（分析得到的数据和预测）；信用评分；账户周转分析
担保	有效担保不足	以现金流为基础的贷款；抵押品是安全保障而不是还款来源；采用任何可以得到的抵押品
交易成本	高交易成本、低贷款收益	半自动化的贷款申请、分析和审批流程；模板驱动的解决方法；不进行后续拜访
管理	缺少行业背景和经认证的专业技能	信用评分；信用报告；企业记录；初次面访；训练有素的银行职员；关键人保险；较短的贷款期限
用不够理想的信息和抵押品进行整体信用评估	上述所有风险要素	训练有素的信贷人员

下面，开始逐步介绍作者所推荐的解决方案：

缺少财务记录

可以通过如下手段编制一个基本的但准确的资产负债表：

资产负债表条目

1. 现金。SME 贷款项目必须要求所有的贷款申请人都在银行开设一个往来账户，公司所有交易都通过该账户进行，开户至少 6 个月之后才能申请贷款。6 个月的账户交易记录有助于银行核实资产负债表中的现金余额，以及这段时间内损益表中的销售金额（见表

3.2）。当然，如果能有 12 个月的账户交易记录更好，但 6 个月的账户交易记录已经能够帮助银行和企业经营者推断和估算季节性销售数据，而这正是判断贷款金额的基础。但是，如果申请循环贷款，就必须要求有 12 个月的银行记录（见第 5 章）。银行账目的最终记录就是资产负债表上的现金金额。

表 3.2a　　XYZ 公司的资产负债表（12/31/20×0）（单位：美元）

XYZ Co.			
资产负债表，12/31/20×0			
资产 = 负债 + 所有者权益			
现金	1 000	银行贷款	0
应收账款	0	应付账款	0
存货	?	其他流动负债	0
流动资产	?	流动负债	0
固定资产	6 000	其他负债	0
		总负债	0
		所有者权益	?
总资产	?	总负债 + 所有者权益（O/E）	?

2. 应收账款。大多数小企业的销售方式只有现金交易。如果企业确实存在对客户的授信，则贷款申请中应该包含授信敞口和逾期金额。

3. 固定资产。建议由独立评估人拜访企业并评估固定资产的转售价值。评估费用必须由贷款申请人预付且贷款申请被拒绝后不予退还。

4. 负债。对大多数 SMEs 来说，银行贷款是唯一的负债。通常，供货商不对 SMEs 授信，这意味着没有应付账款。如果企业确实有供货商的授信，可以直接从供应商处获得敞口金额（以及逾期款项）。家庭成员也可能从外部借款。如果有，必须注明且纳入资产负债表。

5. 存货。可以由评估人在进行固定资产评估的同时对存货进行评估。如果不行，也可以由信贷人员对企业进行现场拜访时对存货进行评估。还有一种替代方法：从账户周转分析中提取销售数据后，销售额÷360 就可以得到日均销售额。可以由企业主建议保持多少天销售的存货，他应该对此比较熟悉。大多数 SMEs 从事的都是非常简单的业务，不需要保持大规模的存货（实际上，大规模的存货是销售需求下滑的预警信号）。根据损益表3.4，销售额是28 000 美元，销货成本（Cost of Goods Sold，CoGS）是此金额的80%，即22 400 美元。CoGS/360 = 62.2，即满足一天销售需要的存货。如果借款人建议保持大约可供24 天销售的存货，即62.2 × 24 = 1 493 美元，大约是1 500 美元。看过下面有关损益表的部分，这个解释将变得更加清楚。

加上存货金额（假设没有应收账款和其他流动负债和长期负债），就构成了完整的资产负债表。

表 3.2b　　　XYZ 公司的资产负债表（12/31/20 ×0）（单位：美元）

XYZ Co.			
资产负债表（12/31/20 ×0）			
资产 = 负债 + 所有者权益			
现金	1 000	银行贷款	0
应收账款	0	应付账款	0
存货	1 500	其他流动负债	0
流动资产	2 500	流动负债	0
固定资产	6 000	其他负债	0
		总负债	0
		所有者权益	8 500
总资产	8 500	总负债 + 所有者权益（O/E）	8 500

注：可以通过公式资产 – 负债 = O/E 计算出所有者权益（或资本金）。需要注意的是，这是期初（贷款发放前）的资产负债表。

损益表

1. 销售收入。除了企业主提供的信息，还可以从账户周转分析中提取销售收入数据。建议银行在授信前要求贷款企业提供12 个月的账户历史记录。历史记录也可以较少，如 6 个月的银行账户记录。银行可以假定贷方全部都是销售收入，简单平均将提供月销售额数据，乘以 12 就得到年销售额数据。当然，对于很多具有季节性特点的企业，这种简单的算法具有误导性。12 个月的银行账户记录有助于对季节性销售波动的影响进行全面准确的判断。任何时候都不能仅仅根据企业主的话就相信销售额的大幅增加。银行应该坚持要求企业提供涵盖销售额最大的时期、之前购买原材料、货物生产和运输期间的银行记录。如果企业主借口由于银行交易成本的原因没有将所有交易都通过银行账户进行而无法提供时，银行的回答就只能是"很抱歉，不能只参考部分销售数据，所有交易必须通过银行账户进行，不能有任何例外。"

正如后续章节将详细介绍的那样，销售的季节性波动对于设定固定资产投资贷款（项目贷款）的额度和判断还款能力非常重要，但对流动资金贷款来说更加重要。如果银行为借款人提供的是循环贷款（类似于透支），销售的季节模式就极其重要。银行需要设定信用透支的季节性额度，以及不需要透支的销售淡季期间最高授信额的冻结期限。

2. 销货成本（CoGS）。对于成本项，账户周转分析无法提供太多的信息。因为所有的成本项（CoGS、营运成本、纳税、家庭支出、企业主的取款等）都将计入往来账户的借方。尽管花费大量时间，也无法准确查明每笔借方记录对应的费用类别。因此，建议用行业平均标准代替，如表 3.3 中所示的百分比形式。

表 3.3　　　　　　　销货成本的百分比（CoGS）

销货成本/销售额	行业平均（%）
制造业	80
服务业	35
商贸业（批发和零售）	70
农业	80

当然，可能会有反对的声音认为这种方法是粗糙和不准确的。尤其是服务业和商贸业，它们都包含了多种多样的企业，每种都有其独立的供需特征。这完全正确，但是采用销货成本百分比的形式对于制造业和商贸业客户有更全面的影响。因为它们是循环贷款的优质目标客户。销货成本将影响 NIBT；当然，也会影响对于一个企业固定资产投资贷款还款能力的测算。如果客户和授信人员认为所采用的销货成本百分比存在较严重的误差，可以进行人工调整，推翻计算机自动测算的结果。对很多制造业企业来说，80% 是相当合适的一个数值；但对于商贸业企业来说，70% 应该是一个比较合适的估计数值。咨询当地的征信机构（如果有的话）或其他信息来源，包括银行自己的客户，以获得更准确的行业平均值当然是个好主意。在通胀时期，建议定期对行业平均值进行调整。

根据作者的经验，农业贷款要求专业化的技术和有别于本指引中介绍的通用的、模板驱动的方法。作者不认为农业贷款可以使用这种方法。因为在开展农业贷款之前有很多更复杂的风险要素需要分析、理解并适当降低。相应的，农业的 CoGS 百分比被放在括号里。

3. 营运成本。可以用首次面谈过程中企业提供的信息计算营运成本。申请人需要提供下列营运成本要素的信息：

　　a. 工资；

　　b. 租金；

　　c. 水电费；

　　d. 交通运输费；

　　e. 企业主提款；

　　f. 广告和宣传费用；

　　g. 法律和会计费用；

　　h. 保险费；

　　i. 维护费；

　　j. 其他营运支出[①]。

　　我们主张要求企业主支取一定金额（换句话说就是工资）作为个人支出，其余部分全部作为净利润重新投资于企业，这是企业主应该被鼓励或要求的做法，因为当前和未来的贷款部分是基于杠杆率，这将在随后进行解释。

　　鉴于上面列出的个人支出项可能无法从账户借方中被识别出来，总体情况应该符合下述方程式：期初余额 + 销售额 − 成本 = 期末余额。只要一切看起来是合理的，就不需要通过计算核对账户销售收入对应的成本。尽管不存在营运成本占销售额百分比（不管怎样，它们是"固定"或"间接"费用）的一个可靠规则，但存在行业标准——可以通过本地征信机构进行核查，还可以根据理性和常识进行判断。

　　根据上述信息，可以编制损益表如表 3.4 所示。

表 3.4　　　　　XYZ 公司的损益表（12/31/20 × 0）　　（单位：美元）

XYZ 公司	
损益表（12/31/20 × 0）	
销售额	28 000
销货成本	22 400
总利润	5 600
营运成本	3 500
税前利润	2 100
税收	1 050
净利润	1 050

对于那些最简单的企业：

1. 不计提固定资产折旧；

2. 所有业务都是现金结算（没有应收账款）；

3. 没有供货商授信（没有应付账款）。

这种情况下，损益表等价于现金流量表。

　　一个训练有素的银行职员外加一台电脑终端，通过对客户进行访谈，能够引导客户轻松完成贷款申请程序，包括完成能将营运成本数据表格化的问题，并在不超过半小时的时间内填完资产负债表的表格。尽管这些信息肯定无法与经过审计的财务报表相提并论，但账户周转分析是销售数据的确凿证据，（随后经过验证的）固定资产（以及存货）条目足以确保企业的核心财务信息大致上是准确的。

　　接下来的一章，将编制前一年的财务报表，以预测贷款将对借款人的财务状况产生什么影响，并确保其有足够的现金流来偿还贷款。

抵押品不足

　　在许多发展中国家，SMEs 通常没有大型的、成熟的企业那样的贷款人偏好的抵押品。这个事实毫无争议，但作为一个在过去多年里长期面对"抵押品不足"局面的银行家，作者提供了下面这种以现金流为基础并结合风险降低策略的基本原理，该原理应该能使大多数发展中国家的银行家——虽然不情愿——但至少愿意在一个（合理的）价格水平接受这种风险。

　　基本原理：永远不要将抵押品看作还款来源。相反，应该将抵押品作为借款人无法偿还贷款时控制风险敞口的手段。就其自身而言，抵押品不应该是批准或否决贷款的原因。

　　贷款决策的基础不是抵押品，而是借款人的还款能力。通过一定的信贷分析程序判断（或评估）借款人的还款能力，而现金流测算是该程序的关键环节。

　　由于长期被排除在银行借款对象之外，SMEs 通常非常重视还款责任。如上所述，很多 SMEs 是家族企业，是企业主家庭生活和生计的唯一基础。很多 SME 贷款项目非常高的还款率证明了 SMEs 良好的信誉。

风险降低策略：尽管基本原理是可行的，但 SME 贷款项目的设计仍然要求降低与小型企业相关的各种风险。

1. 企业应该有至少一年的经营记录。

2. 企业在银行的开户时间不低于 6 个或 12 个月（建议 12 个月），通过此账户可以追查公司所有交易，并进行经营周转分析以推算销售金额。

3. 企业应在有关当局注册，包括税务机关。

4. 贷款不能超过杠杆限额（总负债：资本金，建议比例不超过 1.5:1.0）。

5. 贷款用途不得包括如下事项：

a. 购买不动产；

b. 购买股票或其他有价证券；

c. 在预期价格将上涨之前囤积原材料（或其他存货）；

d. 延期偿还现有贷款或债务；

e. 投资于未经证实的业务或公司主业之外的业务。

6. 企业必须保留银行指定的财务记录。

7. 除非经过借款银行书面允许，否则不得向任何第三方借款。

8. 未经贷款行明确的书面同意，不得处置其固定资产。

9. 超出预先设定的企业主工资部分的净利润必须保留在企业。

10. 要求企业主或合伙人，如果可能的话，他们的配偶或其他关键人承担连带担保责任。

11. 所有固定资产（如果可能的话还有存货所）都必须抵押给银行作为担保。

12. 个人独资企业中要求关键人必须保险。

13. 外部（第三方）担保是一个有吸引力的选项（见第 4 章）。

高交易成本

小额信贷模型确实是一种高成本的流程。但传统的 SME 贷款方法需要多次的实地拜访，冗长、辛苦的财务报表分析、存货核查、供应商和客户调查等，也是成本高昂。银行如何在简化申请、分析和审批流程的同时，保持信贷分析适当的准确性，以确保较好的还款前景？

以一笔期限一年，平均余额 10 000 美元的 SME 贷款为例，到期（一次性）还本付息，1% 的前端收费和 3% 的利差，收益是 100 美元加 300 美元的现值，假设利率是 12%，即（300×0.89287）= 267.86 美元。这显然无法给我们带来更多收益！

答案当然是自动化。但必须是智能自动化并需要提前对信贷人员进行培训，以确保不会模糊或忽视信贷风险预警信号。而这种信号是未经信贷分析培训的职员所无法识别的。

以下是一个大部分实现自动化的流程所具有的特征：

1. 贷款申请，包括与信贷人员的两次会谈，总时间不超过 45 分钟；

2. 根据自动账户周转分析和预先确定的销货成本（CoGS）百分比，自动确定贷款限额；

3. 自动生成期初的资产负债表和损益表，以及覆盖贷款期间的现金预算；

4. 信贷人员进行一次实地拜访；

5. 由外部评估人员现场对固定资产，如果可能的话还包括存货，进行评估（评估费用由申请人负担，且不可退还）；

6. 分支机构批准后，由集中化的贷款作业团队审查申请材料并作出是否同意发放贷款的最终决定；（注：银行可能希望增加一层信贷审批环节，但这样不仅会减慢流程而且会增加交易成本）

7. 借款人提交相关文件并签署协议。

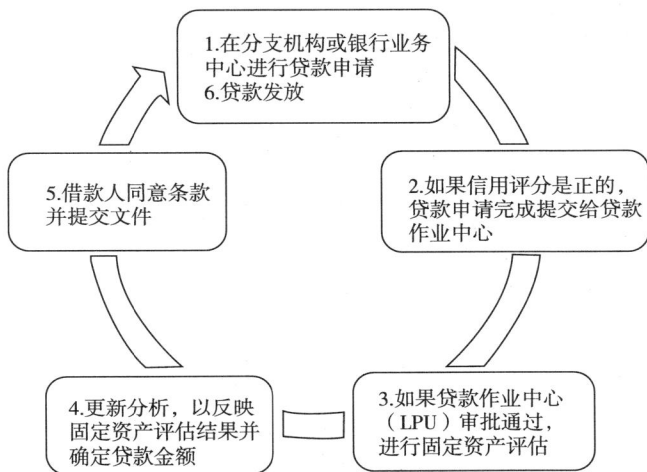

图 3.1　贷款申请、分析和审批流程图

初次拜访银行后，贷款申请人将被告知申请程序。当她/他再次返回时将携带充足的关于其企业的信息，以回答信用评分的有关问题。这是"首次筛选"。通过信用评分（可以当场制成表格）的申请人可以继续访谈，回答电脑申请表中的相关问题。该表格由坐在一台电脑终端前的信贷人员完成。两个步骤的申请流程持续时间不应超过45分钟。

考虑分支机构的工作量（将贷款申请推荐给贷款作业团队）以及贷款作业团队接收后的处理时间，贷款申请人应该在两天到三天内得到初步的答复。在贷款作业中心，需要根据账户周转分析的结果更新分析结果，账户周转分析要确定最终的销售金额以及循环贷款的贷款额度。最终的审批结果取决于实地拜访的结果（完成实地拜访清单，见附录Ⅵ，以及客户拜访报告）、固定资产的外部评估结果。如果所有结果都是肯定的，一个星期或十天之内，贷款申请人应该就能得到银行的贷款承诺。

很明显，贷款作业团队可以更快地处理更大数量的贷款业务。相应的，这种流程化的程序在保证较快速度和较高效率的同时，还能保持适当的高标准，具有成本效率优势。唯一的问题是，这种流程的信贷标准如何？我在尼日利亚设计并实施的一个项目中用了这种方法，在两年的时间里，累计发放（通过一家银行的 200 多家分支机构）3 200 万美元的 SME 贷款，平均单笔金额约 25 000 美元，不良贷款率为 0.3%。

接下来的章节将对贷款申请、分析和审批流程中的每个要素进行详细介绍。

管理

缺少职业化的管理是处理 SMEs 贷款时通常会提到的一项风险要素。尤其对于家族企业，问题不在于企业主是否了解其从事的业务，而在于当企业成长超过她/他"面面俱到"的管理方法，并且当发生了致使其无法继续经营的事件时，他的应变能力如何。这些都是合理的质疑。

信用评分实践中包括有关管理的问题、管理者的背景、后续项目等在管理能力评级中非常有用的要素。只有至少连续经营一年以上的企业才有可能获得贷款，事实证明这也是代表管理能力的另一项指标。管理水平低下的经营者创立的企业很少能够熬过成立的第一年。

通过训练有素的信贷人员的当面拜访，银行有机会了解申请人、套出他/她的真话、发现其业务"亮点"以及他们的打算等。银行不能仅仅是审阅贷款申请表中的问题及申请人的回答。通过对话，银行可以了解申请人的业务动机和目标、其"商业计划"（不要求一定是书面的）、面对的问题、该笔贷款的用途、该笔贷款对企业持续经营很重要的原因、竞争状况等。信贷人员培训是预防错误信贷决策的可行手段，但更重要的是要排除对其企业经营不了解或企图欺骗信贷人员的申请人。显然，将申请人面谈工作交给文书人员将失去训练有素的信贷人员所能带来的优势。

通常，第一笔贷款的期限不应超过一年。该规则尤其适用于经营记录不超过一年或在银行只有 6 个月财务报表的企业。

对于"一人"公司，关键人保险是发生所有人死亡或伤残事件时保障贷款本金和利息安全的有益建议。

一个难忘的例子是，本书作者和信贷人员考察过巴勒斯坦拉马拉的一家小型木工店。在一个特别繁忙的季节，它申请一笔贷款以扩大存货规模。很明显，其业务正在高速扩张中，几个工人正在企业主/所有者的监督下从事家具生产。在一次访谈中，我要求查看企业的销售记录。企业主指着自己的脑袋说："全部都记在这里！"对于成本、运营费用等的回答也是如此，即"全部都记在这里！"我们将信用保险作为发放贷款的一项条件，并毫无意外地按期收回了贷款。但是，如果企业主发生了什么意外会怎么样……

员工培训

关于信贷培训，本指引中专门有一章。这足以说明一支训练有素的信贷人员队伍是一家机构预防不良贷款的最佳防线。低违约率、节约下来的由于培训不足可能造成的不良贷款清收所产生的法律和其他管理费用等足以抵补对信贷人员进行培训所投入的金钱和时间。

注释

①生产工人的工资和津贴是销货成本（CoGS）的一部分。为简单起见，将它们包含在营运成本中（并忽略折旧成本）。

4. 贷款申请、分析和审批流程概述：信贷分析的核心

摘要：本章完整地论述了所推荐的贷款申请、分析和审批流程。通过对银行业在按揭热潮中放弃信贷风险分析，从而导致 2008 年全球金融危机的评论，强调坚持稳健的信贷分析基础的重要性。对第 3 章中的案例进行扩展，介绍如何进行涵盖整个贷款业务期限的财务预测。探讨了信用评分和心理分析法。解释对固定资产进行外部评估以及一次实地拜访的必要性。整个贷款流程基于"5C's 信用分析法"的框架。

本指引推荐的申请/分析/审批流程由如下环节构成：

1. 通过信用评分进行初步筛选；
2. 由信贷人员和申请人共同完成在线申请表；
3. 分支机构人员推荐，再介绍到贷款作业单位；
4. 自动账户周转分析，确定最大贷款额度以及（半自动化）资产负债表和损益表，并预测现金预算；
5. 信贷人员进行实地拜访并完成客户拜访报告；
6. 由独立评估人对固定资产进行独立核查（可能的话，还包括存货）。根据要求修正财务预测；
7. 贷款作业单位审批；
8. 提交并检查单据；
9. 签署协议；
10. 拨付资金。

接下来将在本章对每个环节进行详细介绍。

信贷分析

自 2008 年起很多经济学家提出所谓的"大衰退"（the Great Recession），即 20 世纪 30 年代大萧条（the Great Depression）以来最严重的全球性的银行巨头倒闭和世界经济衰退爆发以来，银行家，尤其是美国的银行家，已经成为全球评论员和权威专家口中的"罪魁祸首"。像"监守自盗（Inside Job）"和"大而不倒（Too Big to Fail）"等影片和书籍中对全球观众所描述的，美国和欧洲主要大型银行对不知情的投资者进行了明显的欺诈和彻头彻尾的欺骗。除了普通投资者，银行家和保险公司高管还自我欺骗，这是本次危机中最首要的教训。为明显信誉不佳的个人发放按揭贷款背后的原因就是全面放弃贷款的基本原则。将这些按揭贷款打包并销售给房利美和房地美使问题更加复杂化并额外增加了另一层杠杆。CDOs——债务抵押债券，将这些按揭贷款再次打包——进一步拉大了贷款发放人与最终债务持有人之间的距离。最终，面向 CDOs 发行人的信用违约互换使得这个摇摇欲坠的结构最终崩塌，导致美国政府的救助也未能使最大的信用违约互换发行人，保险公司美国国际集团（AIG），幸免于难。

作者认为，应该受到严厉谴责的人有很多：有次级贷款的发放者（它们中的很多几乎完全靠呼叫中心那些未经任何培训的销售人员向诚实的和不合格的借款人发放按揭贷款）；有联邦机构，它们迫于政治压力而忽视内部信贷标准发放并转售越来越多的次级贷款；有 CDOs 和互换的发行人；最过分的是信用评级机构，即使整个债务体系很明显已经腐朽透顶，它们依然继续给予这些债券 AAA 评级。应该受到严厉谴责的还包括监管机构，即使在危机持续蔓延期间，它们依然对正在发生的事情表现得脱节和无知。

危机是大量个人和机构（包括公共机构和私人机构）的失败，

但不是信贷标准的失败。而且，危机还证明了这些信贷标准的重要性；以及忽视或破坏这些基本的信贷标准，现代全球化的金融体系将付出的沉重代价。

这个教训也适用于 SME 融资。在作者从事 SME 贷款项目设计工作的这些年里，信息技术已经进步到可以构建完善的 SME 融资平台的程度——模板化使得众多分散的分支机构可以将贷款申请集中提交到中心系统，在中心系统信贷分析（基本实现自动化）和审批（部分实现自动化）程序最多在大约几小时或几天之内就能给出批准或拒绝贷款申请的结果。挑战就在于充分利用 IT 技术进步的同时，不放弃稳健的信贷风险评估系统的纪律与严谨性。还存在依靠诸如心理测验学（当前有银行正在非洲和拉美地区进行试验）等新技术缩短业务流程的诱惑。作者倾向于认为，在对这些新技术保持兴趣的同时，也要坚持怀疑的态度。虽然它们在判断借款人的品行时可能有效，但无法判断借款企业是否能够产生足够的现金流以覆盖贷款敞口。

信贷分析的要素

信贷分析是指在一段时间内用标准参数和指标按一致的方式分析信贷风险并用标准化格式提交给管理层的一种方法。

信贷分析尽可能地依靠数量指标，但其目标被证明从远景来看难以捉摸。

传统上，所有信贷分析课程的核心都是对于"5C 信用分析法"的介绍。尽管是基础性的且有点陈腐，"5C 信用分析法"对于信贷分析应该涵盖的内容仍然是个不错的指引。它们包括：

1. 品德；
2. 经营状况；
3. 能力；

4. 现金流；

5. 抵押。

品德。企业主或管理者的品德，可以通过其是否按时偿还借款人、供应商等人之前的债务进行判断。

经营状况。企业的财务状况——其资产负债表，不能存在过度杠杆、流动资本或现金不足、存货或应收账款（占销售收入的比重）畸高、存在任何意义上都无法解释的资产或负债等。

能力。企业的资本金——其筹资能力，没有承担不可接受的杠杆水平。

现金流。企业是否能够通过日常经营产生充足的现金流，覆盖其费用并偿还贷款？

抵押。可以获得何种形式的支持贷款的保证？

除此之外，作者还增加了"行业风险"作为信贷分析需要重点关注的要素——行业整体状况、竞争状况、可替代性或淘汰速度、价格敏感性、政府管制的危险、税收或可能造成企业经营困难的其他情况以及采购商或供应商集中度过高等。有关行业风险的问题是信用评分表的一部分，在贷款申请表上也有一些与此相关的问题。信贷人员和信贷审查人员（贷款作业中心或其他地方）是最适合负责这个关键分析任务的人员。

信贷分析中应包含哪些要素，这些要素如何对应"5C 信用分析法"？

1. 业绩记录。要获得信贷融资，一个优质企业必须能够证明其在至少一年的时间里能够实现业务盈利。对于大多数的新成立企业，最初一年都属于点火启动期。开发并流程化产品或服务供应、恰当的市场营销、管理新员工、获得和维持适当的物业、满足所有的注册和税务机关要求、管理存货水平和生产计划，上述因素之间相互影响、相互作用，可能导致严重的错误。企业能否克服众多障碍安全渡过第一年，被看作是否在通往成功的道路上的标志。据估计，纽约市 90％ 的新餐馆在开业的第一年倒闭（更令人丧气的是，统计数据表明，剩余部分在开业的第二年又有 90％ 倒闭）。幸运的是，大多数企业的经营环境并没有如此的激烈，或者说，致命。

除了证明其生存潜力，一年的业绩记录通常可以帮助企业证明其是否存在季节性特征，没有过高的库存和良好的生产管理（如果是制造业企业的话）。

如果银行认为一年的业绩记录不足以说明问题，可以要求企业提供额外的 6 个月或 12 个月的业绩记录，以及在关键节点检查企业状况的承诺。

2. 商业计划。所谓"商业计划"，并不是要求一定是要有一份书面文件，也可以是口头陈述，只要能证明企业主/企业家对于其企业前景、利基市场、可能的目标客户、供应商、未来发展计划等有良好的感觉。她/他应该了解面对的竞争及应对策略，他是否能够打赢价格战（如果有的话）等。

企业家需要证明其对市场有深入的了解，知道如何打入市场、如何保持其竞争优势、行业趋势如何以及中期可能带来什么样的结果。

对于那些进入银行，说着类似"我有一个好创意，希望能够获得贷款"这些作者至少听过几百次的说辞的客户，可以直接下达逐客令；如果还想报复，可以推荐他们到竞争对手那里。

申请表中的要素有利于对上述各种考虑因素进行更加深入的探讨，这个过程有助于信贷人员对申请人在其所从事的行业中的地位做出判断。非常重要的是，信贷人员要允许申请人进行充分的讲述，仔细倾听申请人实现企业繁荣昌盛的商业计划。通过访谈，也可以发现需要马上解决的问题的信号：如果申请人对供应商的表现、客户忠诚度、公司地址、注册或监管困难等表现出关切，信贷人员应该迅速进行追问，并要求提供几个事例。印象中作者有一次与一名苏丹农场主的长时间的访谈，期间他泄露了支出远超收入的秘密。

当作者指出这一点，并询问他如何实现其目标时，他无言以对。毫无疑问，他没有申请到贷款。但另外一名花费两小时的路程，穿越苏丹北科尔多凡省的半沙漠地区到一个遥远的周末集市出售金属或木质床架的苏丹商人，表现出丰富的行业知识。他深刻理解"毛利率"的概念，通过亏本出售金属框架吸引客户了解其精心制造的产品——这样他就可以尝试向他们销售更高质量的木质床架。经过一次非常有益的会谈，我们决定为其发放贷款，以获取更多的木床。60 天之后，他毫无问题地偿还了贷款。

对于信贷人员来说，在初次访谈之后撰写"会谈纪要"（也应该是贷款项目的要求），记录对申请人的印象、水电费或商业计划假设条件和目标的有效性等是个好主意。在现场拜访结束后，可以对会谈纪要追加附注。

3. 企业主投资。银行的业务是发放贷款，而不是在公司占有股权。显然，申请人必须具有一定的资本金，并将业务收入留存用于补充资本金。关于这一点，杠杆率要求非常关键。杠杆率描述了公司自有资金（资本金）与负债或借入资金之间的关系。这种关系，总负债/资本金，无论如何不要超过 1.5:1.0（包括正在考虑中的贷款）。银行可能希望设定比较大的杠杆率，但根据作者的经验，1.5:1.0的比率是合理的。更知名的公司通常在 2.0:1.0 左右，甚至有时更高。这取决于行业水平和企业的相对重要性和成功程度（如果债务成本低于资本金的成本）。对于某些服务业企业，固定资产占比较低，如药房以及会计师事务所和律师事务所，固定资产通常就等同于企业的资本金。因此，信贷人员应该核实企业的房产，将其作为企业主投资金额多少的标志。

回顾表 3.2a 或表 3.2b，可以发现 XYZ 公司没有负债，资本金为8 500美元。单纯依据杠杆率，企业可以贷款 12 750 美元（总负债）。在 8 500 美元的资本金中，有 6 000 美元投资于固定资产（由于资产等于负债加所有者权益，由此可以推算出所有者权益或资本金）。如果固定资产价值不足，我们将重估资本金并根据 1.5:1.0 的杠杆率重新计算允许的负债金额。这就是为什么独立的固定资产评估是如此重要！

4. 财务预测。以下部分将解释如何在 SME 贷款申请表（附录Ⅱ）中进行自动化计算。

可以根据申请人的建议，确定最高 25% 的销售收入增长预算/预测。申请表（附录Ⅱ，第一页 85 行和 94 行）提供了一份下拉式菜单，选项从 5% 到 25%。假设销货成本（Cost of Goods Sold，CoGS）与销售额的比例保持与基年相同。不考虑申请人的估算，信贷人员可能希望将销售额的增长幅度降低到一个更加合理的水平。除非申请人指出经营费用增加了特定项目，否则在预测期内经营费用保持不变。

申请表中不要求预测损益表和资产负债表。代替这些财务预测的是，项目只需要简单地在资产负债表中加入需要借入的金额，计算债务/价值比率（Debt/Worth Ratio），以判断申请人是否有资格借入其要求借入的金额。完成现金预算页后，就可以确定申请人是否有能力在满足还款计划的同时保证其账户能够保持预先设定的现金余额。

但是，为保持完整性，本指引中将包含如何编制财务报表的指导。需要再次强调的是表 3.3 中的损益表，并预测销售额的增长为 15%。预测的 20×1 年损益表见表 4.1。

表 4.1   XYZ 公司预测的损益表（12/31/20×1）（单位：美元）

XYZ 公司	
损益表（12/31/20×1）	
销售额	32 200
销货成本	25 760
利润总额	6 440
营运成本	3 500
息税前利润	2 940
利息支出	16

续表

XYZ 公司	
损益表	
税收	1 462
净利润	1 462
假设条件	
上一年度销售额 28 000 × 1. 15 = 32 200	
CoGS = 80% × 销售额 = 25 760	
营运费用固定为 3 500	

5. 关键比率。本指引推荐的流程只需要用到如下比率：杠杆比率（总负债/资本金），以及应收账款、存货和应付账款价值的计算与预测。

➢ 销售额/360 = 日均销售额 × 应收账款敞口天数 = 应收账款（应收账款是指对客户的信用销售，应在 30 天或 60 天内收回）

➢ 销货成本/360 = 日均 CoGS × 存货敞口天数 = 新存货

➢ 销货成本/360 = 日均 CoGS × 应付账款敞口天数 = 新应付账款（应付账款代表企业从供应商处获得的"贷款"——授信条件是允许企业在 30 天或 60 天内付款）

另外一种计算方法可以得到同样的结果：

➢ 应收账款 = x% × 销售额（应收账款除以销售额 = x%）

➢ 存货 = x% × CoGS（存货除以销货成本 = x%）

➢ 应付账款 = x% × 销货成本（应付账款除以销货成本 = x%）

为简化计算，如果申请人为客户提供了 30 天付款账期，可以假设应收账款的账期是 30 天。同样，如果供应商提供了 15 天的卖方信贷，可以假设应付账款敞口的账期都是 15 天。

当然，还有更多比率。在员工培训一章（第 6 章），信贷课程模板概述中将包含比率分析的部分。

6. 设定最高贷款额度。对于流动资金贷款（包括循环贷款），借款人的最大贷款额度是销货成本的50%。对于固定投资贷款，在1～3年的时间内按照预测的现金流偿还贷款的能力是确定最大贷款额度的机理。

对于 XYZ 公司来说，最大的限制条件就是考虑15%的预测的销售额增长之后，其税前利润（NIBT）也只有2 940美元。假设借款人希望购买一个价值2 000美元的设备。这显然符合杠杆率要求。借款人能否在一年的时间内偿还贷款？如果利率水平为12%，设备成本2 240美元。剩余的税前利润为700美元。这个金额是否太低？如果销售额保持不变，借款人的税前利润（NIBT）只有2 100美元，不足以偿还贷款。解决方法就是，银行要求借款人以自有资金支付设备款的10%。这样只需要1 800美元的贷款，本金和利息合计为2 016美元。即使销售额只增长10%甚至不增长，企业都负担得起偿还本息的负担。如果销售额增长15%，息税前利润是2 940美元，支付贷款本金和利息2 016美元之后，NIBT 为924美元。按50%的税率计，净利润为462美元。

杠杆率为总负债/资本金，即 1 800/8 526 = 0.21 : 1.00，处于允许的最大杠杆率1.50 : 1.00之内。

表4.2a 是 XYZ 公司在偿还贷款之前某天的资产负债表。

表4.2a　　　　XYZ公司资产负债表（12/30/20×1）　（单位：美元）

XYZ公司			
资产负债表（12/30/20×1）			
资产 = 负债 + 所有者权益			
现金	800	银行贷款	1 800
应收账款	0	应付账款	0
存货	1 726	其他流动负债	0
流动资产	2 526	流动负债	1 800
固定资产	7 800	其他负债	0
		总负债	1 800
		所有者权益	8 526
总资产	10 326	总负债 + 所有者权益	10 326

存货的计算如下。上一年的销货成本为 22 400 美元、存货为 1 500 美元，存货/CoGS，即 1 500/22 400 = 0. 06696 或 0. 067。用该数值乘以新销货成本 25 760 美元，可以得到存货为 1 725. 92 美元。

相应地，根据存货天数和销货成本可以进行如下计算：根据表 3. 2a，存货 × 360（1 500 × 360） = 540 000 美元。该数值除以表 3. 4 中的销货成本，即 540 000/22 400 = 24. 1。这意味着 XYZ 公司存货天数是 24. 1 天。用新的销货成本数据 25 760 除以 360 天，可以得到 25 760/360 = 71. 5 × 24. 1 = 1 724. 5 美元，即新的存货数据。

需要记住的是，初始的简单资产负债表中没有应收账款和应付账款。预测应收账款（A/R）和应付账款（A/P）时，计算过程和存货中使用的方法一样。详见上面的关键比率部分。

银行贷款是 1 800 美元，已经冲减 200 美元的现金，用以支付部分设备价款。所有者权益为：资产 – 负债 = 所有者权益，即 10 326 – 1 800 = 8 526 美元。

然而，需要对该资产负债表进行两项调整，从而得到下一天（年末）的资产负债表：保留 20 × 1 年的利润。在预测的损益表中，息税前利润是 2 940 美元，利息是 216（1 800 × 0. 12）美元。假设税率是 50%：则税后净利润是 1 462 美元。如果将利润保留在公司，则现金增加 1 462 美元，所有者权益也增加 1 462 美元。如果偿还贷款，则其根本不会体现在年度资产负债表中！由于利润留存，现金从 800 美元增加到 2 262（800 + 1 462）美元。然后，偿还贷款：现金减少 1 800 美元变为 462 美元；银行贷款降低为 0。重置后的资产负债表见表 4. 2b。

表 4. 2b   XYZ 公司重置的资产负债表（12/31/20 ×1）

（单位：美元）

XYZ 公司			
资产负债表			
资产 = 负债 + 所有者权益			
现金	462	银行贷款	0
应收账款	0	应付账款	0
存货	1 726	其他流动负债	0
流动资产	2 188	流动负债	0
固定资产	7 800	其他负债	0
		总负债	0
		所有者权益	9 988
总资产	9 988	总负债 + 所有者权益	9 988

在多个年份（两年或三年的贷款）的情况下，需要用新的销售数据重复同样的预测过程。营运成本可以保持不变；如果信贷人员认为保持不变可能严重扭曲现实，也可以适当增长。

当然，整个自动化分析的特征就是现金预测的计算由程序自动执行，计算的依据就是信贷人员在随后输入的信贷申请表中的数据。

7. 信用报告。熟悉商业贷款的美国银行家肯定都看到过由邓白氏（Dun & Bradstreet）等机构出具的各种详细的信用报告。通常，有几年的财务报表，以及多种比率、管理情况的背景调查、银行关系等。在作者曾经工作过的发展中国家，没有类似的信用报告（尽管孟加拉国的一家机构曾经做出过优质的信用报告，但情况已经发生改变）。

通常，央行会保留信贷记录，其中包含负面信息，并可以提供给贷款人。这些记录，通常指"黑名单"，记录了贷款人的违约记录。在很多国家，这些登记机构被扩充为成熟的征信机构，正面信息和负面信息都将记录在案。

根据作者的经验，发展中国家的这些征信机构，如果确实存在的话，要么是数据陈旧，要么是数据不完整。它们没有包含全部的贷款企业；而且，它们的数据库更新不够及时，使得对贷款人用处不大。

即使能够得到高质量的信用报告，其中往往也不包括 SMEs。很明显，这些没有财务报告的 SMEs——小型企业——也不会有信用报告，而它们恰恰是发展中世界的银行应该拓展的客户，理由如第 3 章中所述。

无论是否能够得到信用报告，银行都不应该依赖如征信局等第三方机构进行调查工作。信用分析和风险评估必须由银行自行承担。

8. 心理特征描述。最新进展是在商业风险分析过程中引入心理特征描述，以判断其还款倾向。由 IFC 资助，哈佛大学领导的心理测试正在非洲和拉丁美洲进行，以评估其作为小企业贷款还款倾向预测工具的有效性。至少有一家非洲的主要银行正在积极地对该技术进行测试。并且，其报告称试点工作已经取得成功。

开发者相信，该技术具有和信用评分卡技术在发达国家所具有的同等的预测力。

尽管作者对这种检验方法没有经验，尽管可能会证明其对于判断单个企业家的还款承诺是一项有效的工具，但或许它并不能替代信贷分析（也不能代替信用评分卡）。理由如下：

a. 尽管借款人具有良好的还款意愿，但如果其商业计划有缺陷，公司也可能无法达成目标，无法从业务经营中获得足够的现金流以偿还贷款。

b. 技术无法帮助银行家确定贷款额度——什么情况下（销售额增加）将有助于借款人偿还贷款，这些情况发生的概率。

c. 虽然已经看到项目成功的消息，但还需要了解其违约率——换句话说，"成功"是如何定义的。对于许多银行，尤其是在发展中国家，由于那里不可能有大量的贷款，两位数的违约率是无法被接受的。

d. 所有新增贷款协议都不仅要经过经济增长阶段的检验，还要经过经济下滑阶段的检验。

9. 信用评分卡。几十年前，在美国信用评分卡已经开始取代传统的信用分析方法。它是消费信贷的主要依据，已经被大型信用卡发卡银行，如美国银行和摩根大通银行等广泛采用。信用评分卡的应用已经被扩展到商业贷款，并取得良好效果。尽管这样，也不能用一套评分卡判断和评估一个处于经济周期底部的企业的信用状况（理由与上述心理特征描述相同）。很多商业贷款都被对企业主的个人贷款所替代（尤其是在发展中国家）。但如果主要还款来源是小企业经营活动产生的现金流，则上述警告仍然适用。

在发展中世界，基于信用评分卡技术的大规模交易尚未出现。作者认为，收取与信用卡利率相同的利率水平（2013 年 2 月 13 日的名义利率为 13% ~ 15%，而同期六个月的 Libor 利率只有 0. 46% ）[①]在大多发展中国家市场都是不可行的。而且，根据作者的观点，当一项贷款技术能够获得较高的潜在前景以及十分合理的成本和费用结构时，对中小企业收取如此高的、剥削性的利率是不道德的。

2008 ~ 2009 年，美国信用卡的违约率飞涨，美国银行的信用卡违约率达到 14%。银行根据信用评分卡模型决定给予客户的信用额度，尽管属于预期违约率较高的"批量业务"，经济下滑还是导致银行取消数百万张信用卡，削减信用额度并取消奖励费用[②]。

尽管有上面列举的警示，在作者开发并实施的一个大型、主要的自动化 SME 信贷项目中，其所采用的技术是本指引中介绍的信贷技术，信用评分卡被用来进行"初选"以确定授信基准，筛除银行不予授信的企业。项目组认为信用评分卡是一个客观的评估工具，可以用作有效的基础筛选机制。评分通过的申请人将继续与一名信贷人员完成在线申请表格。我们将在下一章探讨贷款流程的机制时，对这个问题进行深入分析。相应地，信用评分卡是本指引所推荐方法的一个要素。

10. 实地拜访。实地拜访是所有信贷评审过程必不可少的环节。实地拜访的目的如下：

➤ 确认企业是作为一个独立的实体存在，而不仅仅是一个开展一定业务的住宅；

➤ 当面确认企业正在"持续经营"，显示出商业活动的迹象；

➤ 确认其存货（由信贷人员进行实际存货检查）；

➤ 确认固定资产如访谈中所述并正处于正常运行状态；

➤ 如果是零售企业，其位置便于顾客进入，包括"未经预约"的顾客；

➤ 确保有适当的标示、展示用的商务名片、适宜的顾客接待区；

➤ 确认人员配置的描述切合实际；

➤ 检查销售账簿、财务记录等；

➤ 确保经营场所干净整洁，机械器具保养良好等。

实地拜访清单提供了实地拜访需要关注和记录的完整的项目清单。详见附录Ⅳ。

重新回顾5C's信用分析方法，并确保严格遵守了上面介绍的信贷分析流程：

➤ 品德；

➤ 经营状况；

➤ 能力；

➤ 现金流；

➤ 抵押。

品德。与借款人品德有关的问题体现在下述信贷分析步骤中：

1. 检查征信局或信用记录机构的记录，确保借款人在其他贷款中没有违约记录；

2. 实地拜访以核实访谈中的陈述；

3. 通过对申请人往来账户进行账户周转分析确认销售金额，这是确定销售数据并决定贷款额度的基础；

4. 信用评分中与品德有关的问题。

接下来就是与供应商确认申请人是否对供应商负有债务。由于大多数 SMEs 无法获得供应商授信，该环节应该不会有太多成果。

经营状况。为通过自动申请程序准备资产负债表和预测的资产负债表。固定资产的独立核查是确保申请人的财务状况处于贷款可接受的基础之上的一个重要步骤。另外，由于对很多小型企业来说，固定资产都被用来抵补资本金，获得由合格的第三方确定的这些资产的市场价值非常关键。

能力。杠杆要求（总负债/资本金不超过 1.5:1.0）。

现金流。自动生成的期初资产负债表、损益表和现金流预算能够证明企业是否具有生成足以覆盖贷款周期的本金和利息的现金流的能力。账户周转分析是决定关键变量（销售额和初始现金余额）的基础。

抵押。尽管抵押品不是贷款的必要条件，但当借款人有抵押品时，就应该纳入抵押。企业的固定资产应该用来抵押以支持贷款。

第三方担保的作用。当作者在巴勒斯坦工作时，根据信贷人员的建议，一个 SME 贷款项目引入第三方担保。由一个著名的生意人、医生或显要人物为新成立企业的银行债务提供担保是习惯做法，并且看起来可以为贷款增信。SME 企业主非常不愿意由于不偿还银行贷款而"丢失脸面"，所以引入担保人。然而，每个国家或社会之间各不相同。当几年后在伊拉克我建议将第三方担保作为一项选择时，伊拉克的银行家立刻拒绝了这个建议，说它们对贷款不会有任何影响——在他们看来，借款人对引入的担保人几乎不会有任何顾虑。

行业风险。信用评分实践中包含一些关于行业、竞争状况等的问题。必须依靠经过信贷培训的信贷人员完成表格中关于这些关键因素的内容。更专业的内容需要依靠贷款作业单位的员工，他们也

必须经过信贷培训。了解当前的政治和宏观和微观经济事件是信贷
人员和贷款作业单位（LPU）员工培训项目的一部分。

注释

① Bankrate. com，February 22，2013.
② Reuters. com，February 22，2013.

5. 信贷分析程序的
流程化和模板化

摘要：首先详细介绍了一个模拟的信用评分卡；接下来逐一介绍了贷款申请、分析和审批表中的各项要素。本章中的说明是对模板内含说明的重要补充，模板内含的说明见附录。详细介绍了两种 SME 贷款：固定资产贷款和循环贷款；提供了采用循环贷款而不是透支的理由。

在一个大型分支机构系统中，能够使信贷申请和审批流程实现成本效率优势的唯一方法就是最大程度地实现自动化。就我个人在中东和非洲设计并实施 SME 贷款项目、在蒙古和俄罗斯讲授信贷分析课程的经历而言，我已经从人力资本密集型的信贷分析方法（高交易成本）转为本书中推荐的自动化程序。在我的职业生涯中，IT 技术的进步已经将严格的信贷分析过程纳入到半自动化的贷款流程中，使其具有成本效率优势且保证了高信贷质量。但是，经过严格信贷培训的信贷人员仍然非常关键，他们需要监督整个信贷流程、发现与信贷有关的问题时提出质疑并决定实际的信贷审批。

信用评分是对贷款申请进行初步"筛选"的有效方法。

信用评分卡

附录 I 是一个简单的、模拟的信用评分卡。评分卡首页给出了四个部分的总体权重。第 2 页是业务概况，包括要素、权重、答案以及每种答案对应的分值；包括涵盖业务类别、经营年限、采购和销售条件、存货构成、法律地位以及业务类型的七个问题。分值越高越好，分值背后对应的理由很明显：在采购和销售条件中，首选获得最多授信的公司和提供最少授信的公司；在存货构成中首选原材料，因为从流动性的角度，在加工和加工后产成品的价值将降低或失去，而原材料仍保留部分价值。

对于信用评分卡的所有部分，在特定国家内，其权重可以视情况进行调整，这些问题本身也可以进行修改或替换。这是一个简单的模拟，该评分卡的预测能力需要用银行内部或其他信贷机构资产组合中已有的借款人进行验证，然后才能确定。

第3页是市场状况。它包括11个问题，涵盖了生产/服务范围、供货来源、竞争者数量、价格敏感性和行业阶段等。高价格敏感性意味着高风险，政府依赖性也是如此。供应商和客户集中度较高代表着较高的风险水平。

第4页是有关声誉的问题，无须解释。第5页是所有权状况。尽管作者与其年轻的同事对于问题3——"负责人年龄"——进行过激烈的讨论，但他们仍然坚持己见。经过投票决定，年龄较大者被视为拥有较高的风险。

毫无疑问，这些问题都是有效的。但从预测能力的角度看，最重要的还是这些问题如何在机构借款人的基础上进行测试。我们采用150名贷款客户对评分卡进行测试。根据测试结果得到"合格分数（passing score）"。所有得分在这个临界值之下的申请人都将被拒绝。

对该评分卡或其他评分卡进行测试时，信贷机构的测试对象需要既包括审批通过的借款人，又包括被拒绝的借款人。因为"合格分数"允许绝大部分将按期还款的借款人准入，拒绝绝大部分将违约的借款人。信用评分卡需要重新检查，并在信贷机构内部重新进行一年到两年的测试，以确保其是否是预测还款的优质工具。

申请/分析/审批表格[①]

附录Ⅱ是一个模拟的循环贷款的申请/分析和审批表。申请人要么马上完成信用评分卡（立即就会得到结果），要么在再次来访时完成申请表。她/他应该携带完成申请表中财务问题所要求的所有文件。账户周转分析将提供明确的销售额数据，自动设定的销货成本百分比将提供销货成本（CoGS）数据。申请人必须说明季度采购额、应收账款（如果公司给予客户付款账期）等。

期初现金余额是客户往来账户的期末余额。

让我们从什么是循环贷款，什么客户需要循环贷款开始。

循环贷款

大多数西欧国家和发展中国家都为企业客户和个人客户提供透支服务。在美国，透支比较少见，银行更多是提供循环贷款。其原因如下：

➢ 透支，除非有期限结构和限额，否则缺乏还款日期可能使其成为永远不会清偿的贷款。

➢ 即使透支不会变成永远不会清偿的贷款，但由于缺少期限结构，使得贷款人难以监测其贷款用途。

循环贷款与透支很像，但有期限结构和规则。如下类型的企业适合采用循环贷款：零售、批发以及制造业企业（随后将有关于零售和批发企业循环贷款发放的警示规定的详细探讨）。循环贷款的目标客户是销售模式表现出高度季节性特征的制造业企业。

大多数企业在一定程度上都具有一定的季节性特征。在这一方面，SMEs 与较大的企业没有什么区别。具有高度季节性特征的行业如玩具制造业，在西方世界每年都有一个主要的销售旺季——圣诞节假期。从 11 月开始，父母们开始为他们的孩子购买礼物。考虑到运输因素，新产品的设计和生产必须确保新玩具最迟在 10 月可以交运。根据生产流程的长短，必须在 7～8 月采购原材料，以确保产品能够按时完成生产。毫无疑问，成熟的、较大的企业能够获得供应商授信。他们的销售账期通常是 30 天，这意味着商场预期将在收到玩具 30 天内付款，否则需要支付延期付款的滞纳金。在准备一年一度的销售旺季时，玩具制造业的存货波动将非常大。如果没有供应商授信，银行可以为企业提供 3～4 个月的短期贷款；也可以是覆盖全年的循环贷款，并预测 7～9 月高峰月的借款额度。其他许多行业的销售模式也都表现出一定的季节性，不像玩具行业这么剧烈，通常在一年里会有几次高峰（贺卡制造业的销售高峰是 12 月的圣诞节、2 月的情人节和 8 月的复活节）。对于银行来说，与设定年度上限的透支相比，深入了解客户需求，为客户提供循环贷款以满足客户合理的流动性需求，是比较谨慎的做法。这样既可以帮助客户完成生产计划以满足其客户的产品需求，又不会由于没有银行监督而滥用授信。因此，循环贷款具有如下特征：

➢ 按季度确定贷款限额；

➢ 设定年度"清偿"期，在此期间借款人必须偿还全部贷款；

➢ 所有交易必须通过客户交易账户进行，以便于银行能够监测销售额和费用。

由销售旺季的季度进入淡季的季度后，信贷额度将缩减。借款人需要减少贷款金额，以满足调整后的贷款上限。换句话说，企业需要偿还部分贷款，以适应调整后的信贷额度。

固定资产贷款

除了循环贷款，SME 借款人还需要固定资产贷款为购买新机器、交通工具、设备等提供融资。这种类型贷款的分析和发放比较简单，是一种标准的银行贷款，（通常）一次提取、一个宽限期、还款期限从几个月到一年。

循环贷款和循环贷款模板

尽管循环贷款相比无限制的透支贷款有很大改进，但仍需要谨慎小心对待。毫无疑问，银行（或其他贷款人）需要监测贷款用途，定期检查存货等。小型企业通常无法提供惯常的会计记录，以说明贷款资金的用途。即使他们能够提供证明，其带来的额外的交易成本也将使得这种监测变得非常不经济。以下是可能导致循环贷款滥用的几种情况：

出于谨慎的考虑，作者反对为任何存款记录不足 12 个月的客户发放循环贷款。银行需要 12 个月的历史记录以确定申请人的季节特征，需要比发放机械设备投资贷款时对申请人的业务周转情况具有更加深入的了解。

给制造业企业发放循环贷款可能是习以为常的事情，但淡到给贸易融资提供循环贷款可能就不是这样了。因为钱是可替换的，尽管贷款协议禁止，但银行无法阻止贸易商进口新的、未经测试的产品。另外，贸易商的固定资产很少：他们的资本金被存货占用，一步走错，其存货就可能价值全失。贸易操作是极端便携性的。贸易商随时可能消失，只留下银行或其他债权人被抛入困境。

也可以为餐厅提供融资，但不能采用循环贷款的方式。任何无法覆盖销货成本的餐厅都必然是深陷困境的，因为餐饮行业的毛利应该高达 70% ~75% 。

当然，其他类型的企业也应该引起贷款人的注意：贷款给药房用于购买计算机设备或重新装修是可以的，但采购药物则不可以。银行无法监测"保质"日期和存货的合理价值。我还曾经为私立学校提供融资，同样充满挑战性。因为注册人数不稳定，且学校声誉在这个学期和下个学期之间会发生剧烈变化。

无论如何看待抵押品（不是还款来源），抵押品都表明了贷款人的重视程度和借款人"风险共担"的态度。没有将固定资产抵押给银行的借款人是有疑问的借款人。

需要关注的是，要确保循环贷款不是对旧有的、稳定的应收账款的再融资。如果客户是潜在的票据贴现人，需要向其声明：将不会为他提供循环贷款。或者，可以为他们提供票据贴现额度，并附带可接受的性能。当银行对他们有充分的了解之后，才可以为他们提供循环贷款。

本书的目的并不在于为任何方法提供完整的"行为准则（dos and donts）"列表。部分案例强调了对所有信贷人员进行全面的信贷培训的重要性：一个自动化的贷款平台并不意味着银行家可以不再必须具备专业能力。

关于循环贷款申请/分析/审批表格中计算的说明

请参看附录Ⅱ。在线申请/分析/审批表的第一页是同时适用于固定资产投资贷款和循环贷款的客户信息。第二部分是基本的财务信息，首先是应收账款是多少天的销售额、存货和应付账款是多少天的销货成本。结合这些数据，程序可以根据损益表中的销售额自动计算出存货、应收账款和应付账款。程序需要进行如下计算：

➢ 销货成本是销售额的一定比例，不同行业的情况见表3.3。

➢ 应收账款的计算如下：销售额/360 = 日均销售额×敞口天数。

➢ 存货的计算如下：销货成本/360 = 日均销货成本×敞口天数。

➢ 应付账款的计算如下：应付账款/360 = 日均应付账款×敞口天数。

这些财务报表中的某些条目是暂时的，需要等待账户周转分析的完成。年销售额可以通过账户周转分析获得，销售额数据决定着销货成本、存货、应收账款和应付账款。相应地，申请人在完成初始申请表的时候要谨慎地保持其估算的合理性。否则在完成账户周转分析之后，还要进行大量的修改。反过来，这将对未来可能批准的贷款金额产生重大影响。

　　同样，固定资产数据需要根据外部评估而来。该数值对计算资本金有直接影响，而资本金是计算杠杆率限额的基础。因此，建议申请人在申请访谈的过程中向信贷人员提供固定资产的估计价值时保持谨慎。固定资产应该执行较低的账面价值或市场价值，如果可能的话，采用外部评估人的评估价值。

　　期初现金余额是最后的账面金额（这也是预测的年份的第一个月）。

　　在模板说明中，"自动计算"的将出现在随后多个条目中。设计表格后，需要嵌入该特征。循环贷款模板中包含了详细的营运费用工作表。营运费用被看作固定成本；销货成本被看作可变成本，与销售量直接相关。相应地，在财务预测中习惯于将营运成本保持不变。但是，在通胀水平较高的情况下，如果银行觉得可能导致低估成本，可以对第二年和第三年进行调整。

　　杠杆率要求决定了申请人的贷款额度不能超过 $1.5 \times$ 资本金，其金额可以在第一页的空格中自动计算得到。

　　回到"循环贷款的现金预算"一页，申请人被要求估计未来一年中四个季度的销售额（从接下来的第一个月开始）。审慎之处在于，循环贷款的上限需要根据账户周转分析对四个季度进行调整，以适应其现金循环情况并满足银行的两个重点要求：

　　➢ 借款人偿还全部贷款并出表一段时期（两周或一个月，时期不确定）。这就是所谓的"清偿期"。

　　➢ 借款人的贷款要纳入每年一次的检查流程。经过检查，或者如借款人所愿继续延期；或者不是，额度的增减取决于银行对该借款人的了解程度。通常，该检查流程在清偿期之后展开。

　　根据账户周转分析确定实际的季度限额，并将一年区分为一个"旺季"、两个"中等季"和一个"淡季"。程序必须根据月度数据计算销售额，此时是季度总量。不需要对应付账款或收到的应收账款进行季度调整。因为账户周转分析自动考虑所有贷方（包括现金销售和收到的应收账款）。本质上，现金预算不需要考虑存货，但支付给供应商的现金除外。由于我们的流程不允许有供应商授信安排，有可能产生某种程度的失真。但是，现金预算是季度性的现实将最大程度地降低这种失真。

　　如果程序开发者希望更精确，可以将一年按月度划分，第一季度的销售额包括 1～3 月的贷方，第一季度的销货成本是上一年度的 12 月、本年度的 1 月和 2 月销售额总和的 80%。这样，就可以将对供应商的 30 天的延期付款纳入预算。

　　在确定淡季、中等季和旺季的贷款限额时，当然要符合杠杆率要求。此外，还要限定贷款限额在销货成本的一定比例之内，比如，贷款限额是销货成本的 50%。

　　表 5.1 中设定了固定的最低 100 美元的现金余额。这只是出于演示的目的，但确实需要设定某种最低额度。

　　在给信贷人员的独立报告和信贷档案中，IT 部门应该生成一个类似表 5.1 的电子数据表。

表 5.1　　　　　　　循环贷款的季度限额　　　　（单位：美元）

项目	第一季度 低	第二季度 中	第三季度 中	第四季度 高
销售额	10 000 000	16 000 000	16 000 000	22 000 000
销货成本	8 000 000	12 800 000	12 800 000	17 600 000
限额（50% 销货成本）	4 000 000	6 400 000	6 400 000	8 800 000

　　阿珂姆（Acme）玩具与体育用品公司申请循环贷款，以满足存货和应收账款增加的需要。如果没有供应商授信，而对重点客户给

予 30 天的付款账期，在 3～4 季度圣诞采购季高峰时期，其现金流将出现不足。到来年 1 月，该公司现金流紧张的局面将缓和，有能力偿还银行贷款；在开始为应对夏季体育用品和度假装备及玩具销售旺季而增加存货之前，可以轻松出表长达 6 周的时间。

考虑其表中的季度销售额由客户账户的所有贷方构成。销货成本是销售额的 80%（该比例适用于制造业企业），贷款额度是销货成本的 50%。

由于是新客户，银行希望保持较为保守的授信额度，不超过销货成本的 50%。待对客户有了比较深入的了解后（且客户有了准确、可靠的会计记录），银行将考虑提高其授信额度。

固定资产贷款和固定资产贷款模板

固定资产贷款的现金预算是循环贷款模板的简化形式。该模板也可以适用于非季节性的、有固定到期日和确定还款计划的流动资金贷款。尽管大多数小型企业的贷款都不超过 12 个月（这对新的、未经证实的客户一直是个好主意），需要牢记如下警示：

➤ 如果贷款申请人需要某个特定设备以实现其经营目标，扩大销售额来偿还银行贷款，只提供其所需资金的一部分贷款毫无意义。换句话说，如果银行不愿意为该设备提供所需的全部融资，就应该拒绝此笔业务。作者在中东的很多国家遇到过这种情况。在那里，这种讨价还价的习惯人尽皆知。贷款申请人通常会夸大他们的资金需求，因为他们非常了解银行会在申请金额上打折，而他们将被迫接受折扣金额。

➤ 由于固定资产投资贷款中没有 50% 的销货成本的限额，银行应该考虑借款人需要提供多大比例的自有资金，而且还不会对借款的财务状况造成伤害并危及还款前景。相比建立一个放之四海而皆准的法则而言，根据具体情况对每一个案例做出判断更有意义。

　　在埃及和中东地区其他国家经常遇到的另外一个贷款问题是银行坚持由他们来采购机械设备。这样做的目的是为了确保：a）融资设备由借款人占有；b）价格确如合同所言。就作者看来，这样除了增加相当大的交易成本，缺乏最基本的专业度和信任度外，银行就不应该发放贷款。我最多就是打电话给供货商确认设备已经采购，或合同已经提交（当然，这很容易造假）。最好的解决方法是后续的实地拜访。还有一个变通的方式是租赁。在这种情况下，银行购买固定资产并出租或租赁给借款人，并由后者在租赁期满购买该资产的所有权。

　　再次转到附录Ⅱ，除了固定资产投资贷款的金额是年度的而不是季度的以外，固定资产贷款的现金预算表与循环贷款的现金预算完全一致。

　　完成账户周转分析之后，收到固定资产评估报告，或者可以由IT部门重构申请表中的财务报表，或者可以由信贷人员或其他权威机构——可以是信贷作业团队——手工进行更正。这里，需要重点注意授权和适当的书面材料，以备内控和审计之需。信贷人员对数据的手工调整会显著影响信贷决策。比如，如果固定资产的价值显著低于贷款申请人所声称的价值，且没有其他资产，将对申请人的资本金产生影响。因为资本金将与固定资产账面总价值降低相同的金额。由于杠杆率的限制，这将降低申请人的贷款能力。

建议和批准部分

　　每个银行或其他信贷机构都有自己的贷款协议。将审批页包含其中只是作为一个示例。毫无疑问，IT部门将在建立作业模板和设计（大部分）在线审批和信息查询系统中起到重要作用。理想状态是，贷款作业中心通过电子化系统处理贷款申请，但现实是他们还需要检查实物文件（除非可以在可控的环境下传真或扫描这些文件)。作为一种替代，可以由法律部门审查这些文件之后再签署贷款协议。但是，额外增加这一步骤将增加费用。建议由贷款作业单位训练有素的员工审查文件并批准标准化的贷款协议。作者认为，在任何司法体系中，原始文件都应该保存在主要信贷档案中，以备对违约贷款人采取法律行动时所用。分支机构档案中只保留副本即可。

注释

①该表是为没有财务报表的申请人设计的。

6. 员工培训

摘要：继第 4 章中关于信贷分析的核心内容之后，本章解释了银行投入时间和资源对员工进行信贷培训的原因，提供了一个短期（三周）信贷培训课程大纲的模板。

全面理解信贷风险的能力，而不仅仅是指导申请人完成贷款申请程序，是对所有信贷人员、贷款作业中心员工、分支机构管理人员以及信贷部门员工的一项要求。在作者印象中，最能说明次贷危机是由于什么地方出问题的细节之一：根据全美金融公司（Countrywide Financial Corporation）一名前高管人员的回忆，其南加利福尼亚电话呼叫中心最好的市场营销人员以前是一名披萨饼营销员。通过电话，他可以发挥其说服能力，营销了创纪录的按揭贷款业务。可以推断，该销售人员的收入全部来源于佣金。

不仅是银行业，很多曾经是由专业知识和技能决定绩效标准的行业，由于利润水平下降和相伴而生的规模驱动的结果，培训预算被大幅削减。只要有可能，机构都会尽可能的同时通过计算机程序和自动化平台增强或取代原来由训练有素的信贷人员基于个人知识和技能的审批方法。本指引绝不是建议重新回归人工信贷分析的方法。在银行业金融机构由于贷款规模扩张导致全球性融资费用下降的时期，半自动化流程可以帮助更多的 SME 客户获得融资，并有助于银行获得所希望达到的业务规模。只要有训练有素的金融专业人士实施并监控，自动化程序将取代人工信贷分析并保障信贷质量的稳定。

　　我始终坚持信贷培训是我所创建并实施的所有 SME 贷款项目的重要组成部分。在为尼日利亚一家银行共计 200 个分支机构设计贷款项目的过程中，当我提出对所有信贷人员进行为期三周的全面信贷培训计划时，最初遇到来自部分高级管理者的阻力。但是，当这个项目付诸实施之后，低于 0.5% 的贷款逾期率改变了他们的看法。员工自己也热情地支持这个项目：他们对"他们是银行家而不只是职员"的观点反响最激烈。

　　理想状态是，银行职员应该是小企业主的顾问。尽管在当前大规模、低收益率的情况下，无法保证给每个客户都提供这种个性化的服务。但对于那些与银行的关系达到或超过盈利基准线的客户，他们有理由期望从本地分支机构或 SME 业务中心职员处获得的不仅仅是一般文书性质的服务。

　　相应地，培训项目应该面向分支机构和总部的全体员工。在全行上下树立信用文化将有助于防止类似 2007～2008 年美国和西欧银行业危机的灾难重新上演。

信贷课程大纲

　　推荐的信贷培训课程大纲将包含如下内容：
- ➢ 什么是信贷分析以及信贷分析为什么重要？5Cs 信用分析法
- ➢ 编制财务报表准备
- ➢ 资产负债表
- ➢ 损益表（损益计算表）
- ➢ 比率分析
- ➢ 财务状况比率（资产负债表）
- ➢ 流动比率、速动比率、杠杆率等
- ➢ 性能比率（Performance Ratios）（损益表）
- ➢ 总利润、NIBT/销售额、净利润等

➢ 活动比率（资产负债表＋损益表）

➢ 应收账款天数、存货、应付账款敞口

➢ 资产收益率、资本收益率等

➢ 差异（Spreading）（如何处理各种财务报表条目）

➢ 交易分析（详细的现金流）

➢ 根据两年的资产负债表计算损益表项目

➢ 简单的现金流量

➢ 预测的财务报表（财务预测）

➢ 行业趋势和信用报告保持一致

➢ 能够获得哪些本地资源？

➢ 可供参阅的出版物

➢ 两个包含大量数据的案例分析

➢ 撰写信贷分析报告

培训课程将持续大约 3 周，每天 4～5 个小时。这样，培训人员有时间分组进行案例分析，并向全班陈述他们的发现/建议。班级的规模不要超过 20 人。

该课程的一个重要目的是引导年轻的银行职员使其了解和关注周围的世界。当我在巴勒斯坦实施一个 SME 项目时，巴勒斯坦当局和土耳其达成一项免税进口成衣的协议。这给加沙地带的廉价成衣，如牛仔裤和 T 恤衫的生产者带来了直接的负面冲击——而我们有很多这样的客户。但是，我们的信贷人员没有一个注意到该协议。我设法确保不再向成衣制造商发放新的贷款并让信贷人员给现有客户打电话，了解他们计划如何进行应对。不出所料，我们有两笔贷款发生了违约。并且，由于生产成本高于土耳其廉价进口产品的价格，本地产业遭到毁灭性的打击。

7. 文件编制：贷款协议和所需文件

摘要：本章包含了建议的贷款协议条款、承兑票据的措辞，并探讨了所需的全部文件。重点介绍了这些要求的合理性，并避免"文件过度（documentary overkill）"。探讨了对文件的适当检查以及原始文件的存放地。

贷款文件理所当然地要遵守本地法律和实践。说到这个，作者在其职业生涯中注意到大量文件过度的情况——要求从高校毕业证到商会证明的所有复印件。基本准则是，没有好的理由，就不要要求提供相关文件。保持贷款程序尽可能的简单直接。

贷款协议条款

不考虑本地实践，SME 贷款协议中需要包含下述条款。建议银行或其他借款人为 SMEs（尤其是小企业）设计独立的贷款协议格式。因为，其中很多情况不适用于更成熟的零售和公司借款人。

先决条件

借款人必须确保公司是一个法律实体，并被授权贷款，贷款协议的签署人已经被授权（根据公司协议或个人独资企业）。该企业遵守当地法律法规（这些内容也包含在声明与保证一节）。大多语句都是模式化的，但如果企业未经注册就将产生问题。因为根据当地法律法规，可能不允许向其贷款。

声明与保证

借款人声明并保证，它是依照 _____ 法律成立的 _____公司（公司类型）并根据本地法律进行登记注册，登记注册号_____。

借款人声明并保证，除本协议附录注明的之外，不再对任何第三方债权人或资金提供方负有债务；并承诺，除非经过贷款行事先明确的书面同意，不会与任何第三方产生新的债务。

借款人声明并保证，除非经过贷款行事先明确的书面同意，不会改变公司结构、出售股权或与任何第三方就合并或兼并事宜进行谈判。

借款人声明并保证，除非经过贷款行事先明确的书面同意，不会取消现有业务和/或引进新的业务（不管是制造业还是服务业），从而改变公司业务经营的性质。

一旦发生任何会对借款人财务状况产生重大和/或不利影响的事件，借款人应该在第一时间内通知贷款行。此类事件包括但不限于：发生针对借款人的法律判决、借款人发起诉讼案件、对借款人征收罚款或费用、借款人未能按销售合同或延期付款协议收到货款、逾期纳税评估、供应商未能按计划或合同价格交付货物、产品或服务发生争议、发生影响借款人正常经营和按时交付货物和/或服务能力的偶然事件或意外事故、发生影响借款人管理和核心操作人员的伤害或疾病。

除非经过贷款行事先明确的书面同意，借款人不得出售或出租任何现有的或随后购入的固定资产。

除了银行的留置权，借款人不得对现在拥有或随后获得的任何财产、资产或应收账款创建、招致或遭受留置权、按揭贷款、抵押担保、保证或其他债权和担保物权。①②

任何情况下，借款人的对银行的杠杆率，即总负债/资本金，都不得超过 1.5:1.0。

（可选条款）借款人承诺，按银行的要求保存财务记录并将这些按要求提交给银行。

（可选条款）借款人承诺，将不少于_____%的净利润保留在企业。

（可选条款）借款人应该按银行的要求由企业主和其他合伙人提供连带担保。

（可选条款）借款人承诺，在贷款期限内，以贷款行为收益人，投保金额为_____的保险。

违约事件

如果发生下述违约事件且无法补救，贷款行有权立即提前收回贷款本金及利息且借款人有责任立即偿付贷款本金及利息：

1. 借款人实质性违反了其在本协议或其他申请或证明中对贷款行做出的承诺或保证；

2. 借款人对本协议项下任何贷款、票据或应付账款的本金及利息违约；

3. 借款人未能按期偿还任何其他第三方的债务；

4. 借款人现在或将来牵涉的贷款协议或类似协议发生任何违约事件；

5. 任何担保人撤销或终止其担保责任，或将要采取行动撤销或终止其担保责任；

6. 借款人实质性违反法令、规定、规章、条例、规则或对借款人或其资产的司法判令；

7. 贷款行认为本协议或其他任何协议项下贷款的偿还或借款人的债务受到损害。③

承兑票据

在很多司法体系下，承兑票据要求按照贷款项下和/或个人偿还总额执行并提交给银行。承兑票据的形式和内容由当地法律和法规确定。在很多司法体系下，承兑票据可以贴现并转让给投资者或其他人，于是产生了一个这种债券的二级市场。对承兑票据的细节不多赘述，有两点非常重要：

1. 通过一个条款中包含贷款协议中的某些条件的方式与贷款协议中的这些条件相关联；

2. 明确说明付款人、付款金额、付款时间、受益人、付款方式，以及到期未付款的责任。④

如果为每笔付款签发单独的承兑票据，在违约时，务必为剩余的债务签发一个承兑票据。

留置权

美国统一商法典（UCC）和英国关于浮动担保的法律中对财产的担保物权都有详细的规定。没有任何其他国家对担保物权有如此详细的、彻底的法律规定。因此，必须由当地律师按照当地的法律法规起草抵押担保协议、留置权协议等。

文件要求

尽管要遵循当地法律和实践，但作者主张保持文件要求尽量简单。恰当的文件清单应该包括如下文件的副本：

1. 商业登记；

2. 公司章程（如果有的话，如果没有，就不应该作为一项要求）；

3. 公司章程细则（同第2条）；

4. 贷款授权（同第2条）；

5. 税务登记；

6. 如果是个人独资企业，或者两人或三人企业，负责人的个人身份证；

7. 公司经营超过1年的证明。

其他可选择的文件（除非有正当理由，作者不建议如此）包括：

1. 纳税证明（证明已完税）；

2. 公司或企业主名下的电费单；

3. 租赁协议；

4. 当前和/或未来的销售合同。

毫无疑问，如果企业有财务报表，也需要一并提交。但笔者认为所有的小型企业和相当数量的中型企业没有财务报表。

出账前文件审查

出账前，所有文件都需要经过审查和批准。如果贷款作业单位的员工经过相关培训，则可以由贷款作业单位承担这项功能。否则，应该遵循通常的银行业务流程，无论是由公司或零售贷款条线还是法律部门承担此项功能。根据要求设计标准化文件（公司章程和细则等）有助于加快流程。当然，紧凑的法律审查时间表是缩短周转时间的关键要素。

文件存放地

通常，原始贷款文件存放在银行总部，相关分支机构和业务部门，如公司银行中心，只保存副本。

贷款协议和其他文件的签署

为方便起见，应该给予分支机构信贷人员或分支机构管理人员适当的授权，在分支机构完成贷款协议和相关文件的最终签署。

注释

①威廉 C. 希尔曼，商业贷款文件，执业律师学会，纽约，1990，P80。

②Ibid. , PP. 105 – 106.

③Ibid. , PP. 112.

④Ibid.

8. 市场营销与资产组合创建

摘要： 推荐将对银行已有客户基础进行"数据挖掘"作为创建 SME 贷款资产组合的首要步骤。几乎可以肯定的是，任何一家银行都会有大量未发生信贷关系的 SMEs 往来账户。本章推荐服务行业企业为优质的潜在客户，并用一张表格列出了各种潜在的融资需求。本指引建议采用"批发"而不是"零售"的市场营销方法。最后，再次强调构建一个广泛的、多元化的资产组合的重要性。

由于在全世界范围内 SME 贷款都是一种规模驱动的业务，并且，由于本指引推荐的自动化方法使得获取更大规模的小企业客户群成为可能，市场营销工作应该面向尽可能广泛的行业。开展付费广告活动是必要的措施。如果业务所在地有某种专业出版物或专注于特定事物的报纸专版，也可以尝试在此刊登广告，营销特定细分市场的客户。通常，向特定的目标客户强调特定的特点和优势要优于试图吸引所有人的广告行为。

通常，SME 项目优先考虑的是小型制造业企业，如手工业者或工匠。尽管它们是有价值的企业，其中很多也确实是有潜力的 SME 融资的目标客户，但不能因此而忽视了服务业企业——尤其是法律、会计和执业医生等专业人士。表 8.1 展示了服务业企业部分潜在的融资机会。

表 8.1　　　　　　　　　　服务业 SME 潜在的融资需求

行业	融资需求
法律或会计事务所	家具、办公设备、计算机及其周边设备
私人牙医诊所、医生或其他医药从业者事务所	医疗器械、重新装修、扩建
药房	重新装修、新设机构、计算机
私人学校	汽车、计算机及其他设备、重新装修
餐馆	设备和机器、重新装修、扩建

当然，服务业 SME 的融资需求远不止这些。银行首先应该检查其已有的往来账户持有人。这些往往是银行内某些人十分熟悉的企业，应该优先考虑满足它们的融资需求。开展 SME 市场营销活动自然要首先从对银行自身已有客户基础进行"数据挖掘"开始。

作者推荐"批发"而不是"零售"式的营销方法。这意味着要尝试营销一类或一群潜在的客户：在巴勒斯坦以及后来在尼日利亚，我开发的项目通过行业协会营销医生和药剂师这样的专业人士。针对某个行业协会的演示文稿很容易制作；毕竟，光是固定资产贷款就可以吸引几乎所有人，而且还可以进一步包装出"牙医"或"药房"贷款。在巴勒斯坦，当我们的项目最初启动时，许多药房刚开始使用计算机。我们通过西部银行（West Bank）能够为他们提供针对硬件和软件采购以及药房现代化（重新设计和装修）为目的的小额贷款。在某些情况下，行业协会可以提供建议甚至担保。在提供担保的情况下，它们通常会要求为新药剂师或医生成立诊所等提供种子基金——这是银行并不愿意承担的业务，因为 SME 贷款项目不应该为新成立企业的启动提供融资。

各类贸易展览会和会议为银行进行"批发"营销提供了良机。发放宣传册或租赁展位在这些场所进行宣传展示是有效的营销手段。

供应链（或价值链）关系是拓展优质借款人的有效路径。通常，公司银行客户都有愿意推荐的信誉良好的 SME 供应商或分销商。这种长期的业务关系不仅可用于推荐客户，持续的采购关系也是预测

SMEs 客户风险水平的基础（当然，不可能要求某个特定 SMEs 客户的销售只面向某个公司客户）。

正如引言部分所提到的，SME 贷款是实现多元化的、均衡的资产组合的有效手段。对一个优秀的银行家而言，任何情况的集中都不是好现象：包括存款人、借款人的客户基础和供应商以及银行的贷款组合。应牢记一点：广泛的、多元化的贷款资产组合总是要优于单一的、集中的资产组合。

在实际中，SMEs 活跃在整个经济中可以想到的几乎每个行业。以下是建立切实可行的、稳定的贷款组合的几项基本原则：

➤ 无论何时，保持资产组合的期限匹配。换句话说，除非在贷款协议中包含了利率重设条款，否则不要用短期负债（存款）为长期资产（贷款）融资。

➤ 严格关注被禁止的贷款用途。

➤ 重点关注，不得随意发放循环贷款。对于贸易商，初期建立信贷关系的较好方法是更短期限的到期一次性还本付息的短期贷款（3~6 个月）。如果一切正常，可以逐渐过渡到循环贷款。

➤ 贷款目的要尽可能的具体。循环贷款的贷款用途不能是"提供流动资金"。这样不够具体：如果是为了增加存货，需要具体到为增加哪种存货提供的融资，或者指明是为了面对销售旺季高额的季节性应收账款导致的现金流出。确保借款人遵章守纪。与循环贷款相伴的是监测及后续要求导致的交易成本的增加。

➤ 确保借款人尽可能地使用自有资金。这是编制（期初）资产负债表和损益表的原因之一。

➤ 跟踪最新的行业趋势，确保资产组合不要对同一个行业过度授信。调整市场营销手段，纠正资产组合存在的失衡。

➤ 尽管目的是要实现贷款组合的自我管理和自动清收，但偶尔的实地拜访也不是一个坏主意。

➤ 与竞争对手保持沟通，学习他们如何应对各种类型的行业风险。这些是银行从业人员可以共享的信息，而且值得学习。

➢ 要求每个信贷人员监控自己的贷款组合，并汇总给分支机构管理人员，然后是区域和分行管理人员。召开临时性的贷款组合管理专题分析会也是不错的主意。

9. SME 贷款收益/信贷人员/市场营销人员绩效监测

摘要：探讨了附录Ⅲ中的绩效规划表并强调了整体客户关系（账户和贷款、手续费收入等）评估的重要性。贷款收益必须随时根据逾期贷款情况进行调整，以便于信贷人员监控其贷款组合的表现情况，并对不良贷款负责。

由于"价值主张"的差异，一般的小型企业可能并不符合"关系型银行家"的要求。因此，可能无法从 MIS 系统获取关系信息。尽管如此，用一个报告包含所有借款人的贷款收入和存款账户收益仍不失为一个好主意。关于这个的更多内容见第 10 章。

信贷人员需要有合理的但具有挑战性的市场营销目标，该目标要每季度或最多半年一次制定并通过。作者强力倡导信贷人员应同时兼具信贷和市场营销职能的观点。将市场营销功能与信贷功能剥离将直接导致严重的问题，全美金融公司的披萨饼推销员就是最好的例证。信贷人员应该对他/她的账户全程负责。这使他/她成为实际上的客户经理，既可以为规模较小、盈利性较差的客户提供量身定制的服务，而又不至于为他们耗费过多的时间和精力。

应当为信贷人员提供有竞争力的薪酬水平。为那些市场营销业绩优良的信贷人员提供有竞争性的薪酬激励计划是个好主意。但是，必须根据他们给银行带来的收益和优质资产进行衡量。系统在根据增加的收益而奖励他们的同时，还要根据逾期贷款而惩罚他们。而不能将佣金作为他们收入的基础。

参考附录Ⅲ的绩效规划表。该表格是针对信贷人员的，但还要设计针对分行层级（以及部门或区域层级）的规划表。该表需要提前一季度制定，或者在年初制定，并每季度根据季度检查情况进行更新或修订。附录Ⅲ中列出了三种类型的贷款：短期流动资金贷款（非循环贷款）、固定资产贷款和循环贷款。对于循环贷款，目标值和实际值都应该是平均敞口金额。尽管目标应该是具有挑战性的，但也应该是实事求是的。根据市场情况，逾期贷款不应超过风险资产的 2% ~ 3%。根据作者的实践经验，基于其曾经设计的项目的结果，逾期率在 1% ~ 2% 是比较合理的。

如果银行的政策是为逾期 90 天的贷款计提 20% 的拨备，为逾期 180 天的贷款计提 50% 的拨备，一个小规模资产组合的情况如下（利差是 3%，逾期贷款比例是 10%），详见表 9.1。如读者所见，拨备计提直接取"最低水平"。因此，一个 $ 1 000 000 的资产组合在逾期率 2% 时就可能无法实现盈亏平衡（考虑管理费用）。逾期率超过 3%，不考虑管理费用和营运成本也将亏损。

表 9.1　　　　　　　　　**资产组合盈利性**　　　　　　（单位：$ ）

贷款组合	1 000 000
利息收入	30 000
逾期 90 天以上贷款的拨备成本	20 000
逾期 180 天以上贷款的拨备成本	50 000

从贷款机构盈利性的角度，成本会计将有助于确定如何对 SME 贷款进行优化。完全加载 SME 资产组合及其特定成本（以及一般管理费用的分配）将有助于监控实现业务盈利性水平的进程——换句话说，计算资产组合的盈亏平衡点。但是，为了便于比较，银行的所有业务领域都要引入成本会计，包括零售贷款和公司贷款。作者曾参与过成本会计方法的设计，毫无疑问它是一个有用的工具，但也看到过在这个过程中排除了所有合理的部分。成本会计方法一个

确定的优点是可以追踪 SME 贷款给银行带来的连带业务。这些业务包括与往来账户相关的业务，也包括企业主、企业主的亲戚、供应商甚至客户的个人支票和储蓄账户业务。

除了监控贷款收益，MIS 还要跟踪关系盈利性，无论是为客户指派了一名"个人财务顾问"还是一名"关系经理"。附录Ⅳ详细介绍了银行关系的要素，包括活期账户（DDAs，或活期存款账户）、储蓄账户、信用证和保函。应该对服务组合加以调整，以反映单个银行所能提供的产品和服务；当然也包括自动付款、电汇和外币兑换服务等收费性服务。对 SME 客户和大型企业客户都推荐使用全面的关系盈利性方法。

10. 报告、还款监控和清收

摘要：两个最重要的 MIS 报告是信贷敞口和逾期贷款报告、关系盈利性报告。附录提供了示例。"清收"本质上不应该是信贷人员的职责：贷款一旦被认定为不良，就应该由银行内部的特殊"部门"负责处理。

报告和还款监控

计算机生成的最重要的一个报告（令人十分惊讶的是，许多银行还经常得不到）是信贷敞口和逾期贷款报告。这个报告应该每天生成并一早提供给每个会计主管、分支机构管理层和部门管理人员。详见附录 V。

该报告对于还款监控也很关键：信贷人员必须了解它们的账户，这样可以监测逾期贷款的变动情况——尤其是在账户变为逾期状态的早期阶段。这是协调会计人员行动的时间：找出问题的所在并进行纠正，与借款人一道采取措施使客户关系重回正轨。

第二个报告（不管价值主张如何）是账户盈利性概要。这个报告应该每月生成，并提供给信贷人员、分支机构管理层以及部门管理人员。详见附录 VI。

这两个报告是账户表现和盈利性管理的核心和灵魂。除了将盈利性制成表格，第二个报告还可以提醒信贷人员存在潜在的市场营销机会，很多客户已经与银行建立了长时间的账户关系（DDA），但尚未使用其他产品和服务。

　　当一笔贷款逾期后，尤其是没有从借款人那里收到困难预警时，信贷人员要立即采取行动。贷款逾期的最初几天是关键时期，如果在这个关键节点掌握主动，往往可以实现逆转。一旦时间流逝，简单的解决方法也将不再适用。

　　第三个报告是"备忘清单（tickler list）"——贷款偿还日期、R/C上限调整日期以及其他重要日期的清单，这些日期将影响下月的客户关系。这个报告要每月生成并提供给信贷人员和分支机构管理层。

清收

　　作者认为，除了监控逾期贷款并电话联系违约借款人，"清收"本质上不应该是信贷人员职责的一部分。某个账户一旦变为逾期，就应该将其移交给清收部门，由他们负责今后事宜。当一个借款人由好变坏时，信贷人员往往由于在账户关系中涉入太深，无法做出需要他们做出的艰难决策。"进攻是最好的防守"。如果已经采取了所有力所能及的措施以保证给优质客户提供恰当的融资，但还是出现问题。这时，就需要引入专业的清收专家。贷款清收部门或者有自己的法律人员，或者与银行的法律部门密切合作，及时采取协调一致的行动，以解决借款人违约的问题。可以采用贷款重组等协商手段，也可以采用法律手段。

　　尽管这样，信贷人员仍然要为出问题的账户关系负责，逾期贷款将影响他们的绩效考评。

11. 成立中小企业部门是一个好主意吗?

摘要：本章介绍了赞成和反对成立专门的 SME 部门的理由。笔者认为，一家银行应该充分利用其分支机构网络扩大市场营销的范围。

常见的说法是，由于 SME 融资使用专门的技术，有别于"普通"的贷款业务。因此，应该另起炉灶，或将其从通常的银行部门中划出作为单独的贷款部门。

本指引的主要观点之一就是认为事实并非如此。与小额信贷不同，SME 贷款与零售贷款和公司贷款遵守同样的法则，使用同样的方法。当前，一股对大部分的信贷流程彻底自动化的运动正在推进——以控制成本并在全行范围内规范或系统化贷款方法。在银行业内，个性化服务正日渐减少。尽管这在很多方面都令人遗憾，但对于那些以前由于银行分支机构网络有限和会计人员工作量超负荷而无法获得金融服务的潜在存款人和借款人而言，明显获益良多。这些事实解释了构成银行业务的主要是更大的、盈利性更强的账户的原因。

SME 融资最适合一个银行的零售条线，或介于零售条线和公司条线之间。但是，如下情况下 SME 需要被单独对待：

1. 银行依靠传统的基于资产的（基于抵押的）贷款方法，其中根本不进行本指引所定义的信贷分析或只是进行非常简单的或有限的信贷分析；

2. 银行尚未将自动化扩展到贷款业务部门，仍然采用"书面"方式进行申请和审批。

　　除上面提到的例外情况，作者认为 SME 融资不应该与其他业务区别对待：应该通过银行的分支机构网络开展 SME 融资业务。无论归属那个部门，信贷人员都需要培训之后才能处理 SME 贷款业务。这些信贷人员是否应该专业从事 SME 贷款业务？这取决于银行的人力资源基础。如果项目成功，很可能需要扩大信贷人员队伍以满足项目需求。

　　最近，在沙特阿拉伯的一次咨询任务中，作者高兴地发现，过去两年到三年中，沙特阿拉伯的大多数商业银行都已经成立了 SME 贷款部门。该国 12 家商业银行中的大多数都在积极地拓展 SME 市场：员工人数增加，部分银行还设立了主要服务 SME 客户的"小企业业务中心"。绝大多数银行将 SME 部门设在公司贷款条线，只有一家设在零售银行条线。将 SME 部门设在公司条线的银行，在大多数情况下都未能充分发挥其分支机构网络的营销优势。当时，小企业业务中心主要局限在利雅得、吉达、达曼/阿尔科巴尔（尽管其中一家银行共有六家小企业业务中心），与此同时其分支机构遍及该国大多城市。一家银行将 SME 业务设置在分支机构，并对相关人员进行了培训，使这些人员可以在每个分支机构营销 SME 业务。该行（和其他大多数银行一样）将信贷审批职能集中到总部。设立小企业业务中心的银行中，一些的总部下放了部分授信业务权限，但授权限额很小。在作者看来，将 SME 业务设在零售业务条线更合理，利用分支机构网络是一个非常好的且节约成本的主意。通过小企业业务中心为 SME 客户提供服务有十分充足的理由。但既然信贷权限大部分实现了集中，为什么不充分利用分支机构市场营销范围更广的优势来处理 SME 贷款申请？

12. 价值主张/产品类型

摘要：本章探讨了最适合中小企业客户的产品和服务。首先提供了一张产品和服务的列表；接下来探讨了如何建立价值主张；最后，讨论了对 SME 客户而言什么才是最重要的。

作者曾工作过的一家银行对 SME 客户的"价值主张"是在零售业务条线内建立并实施的。其内容是为每个细分市场，甚至是细分的子市场的客户，提供一系列量身定制的产品和服务。价值主张当然包括一个 DDA——支票账户——还可能包括诸如超过某个最低标准后给予储蓄账户的优惠利率，与地位和服务水平挂钩的信用卡（普卡、金卡、钻石卡），针对特定的细分市场或子市场的参与银行活动的邀请函，如讲座、圆桌会议等，以及最后的但并不是最不重要的"个人财务顾问"。

SME 客户一般对定期存款、投资产品或投资建议等银行产品不感兴趣。他们感兴趣的是可以包含各种产品——包括与家庭相关的产品和基本的信用卡协议等——的产品组合。在发展中国家的很多地方，信用卡并不普及，它是"身份"的重要象征；由于接受的商家很少，其应用范围还不广泛。另外，在很多国家，只有提供 100% 的现金担保，才会签发信用卡。

但情况正在发生变化，信用卡的使用正在普及。很大程度上，关于 SME 融资在银行客户体系中位置归属的决策要取决于银行的客户基础、银行能够为全体客户提供的服务水平和产品组合情况，而不仅仅是 SME 客户本身。我力所能及的就是列出 SMEs 可能感兴趣的产品和服务。而 SME 客户在银行全体客户中的定位和分层则取决于银行自身。

短期流动资金贷款与固定资产投资贷款的共同点就在于都是非循环贷款；但是，短期流动资金贷款的目的是用于营运资金（为应收账款或存货提供融资），贷款期限最长只有一年，当然，其期限可以更短，从最短的 3 个月一直到 12 个月。它可以用固定资产贷款的模板。并且，对于那些银行希望在给予循环贷款前观察一段时间的客户来说，这是一个好办法。

发票贴现是为应收账款提供融资的另外一种方式。这种产品不能采用 R/C 的结构，需要训练有素的员工仔细监控贴现的票据以及付款期末从 SME 的客户方收款的情况。与 R/C 相比，这是一种相对劳动密集的融资业务，贴现率要反映这些较高的交易成本。这是一种高度规模驱动的业务。如果银行开展该项业务，就必须向贸易商、零售商和批发商（甚至制造商）等潜在客户群进行营销。

表 12.1   SME 客户感兴趣的银行产品和服务

贷款产品	存款产品	其他产品/服务
短期流动资产贷款	往来账户	信用卡
循环贷款	家庭成员储蓄账户	引荐公司客户
固定资产项目贷款		圆桌会议，研讨会
票据贴现		关系管理（私人银行）
租赁		外币兑换服务
进口/出口信用证对背信用证		为管理层和企业主提供私人银行服务——减免费用的信用卡、免费的支票账户（根据资产要求）等
保函或备用信用证（投标保证金，预付款保函，履约保函）		

对银行来说，租赁是一个有吸引力的选项，如果：a）银行保留

融资固定资产的所有权，可以带来拥有固定资产所产生的与税务相关的折旧会计收益；b）根据当地法律法规，完善直接融资下抵押给银行的设备的留置权存在困难或耗时费力。租赁对伊斯兰金融也是一个有吸引力的选项。

对固定资产贷款模板稍作修改，就可以适用于租赁交易（简单的提供一个检查环节并将固定资产登记到银行名下即可）。

如前所述，由于没有可供投资的多余现金，SMEs 一般对定期存款不感兴趣，但对家庭储蓄账户可能感兴趣。

虽然信用卡业务中也包含了授信，但我还是将信用卡放到"服务"项下。

小型企业一般对信用证不感兴趣，但也有例外情况。如果某个大客户从事原材料的进口业务，它可能会通过对背信用证的形式为其供应商中的 SMEs 提供原大额 L/C 的一部分。这种安排实际上是用大型企业较好的信誉代替了 SME 的信誉，使得银行在信用证项下更容易授信。但这种安排下同样要避免较高的现金保证金要求。小型承包商需要保函、预付款和履约保证书。但由于小企业缺少抵押物和良好的交易记录，它们很难从银行获得这些短期授信。

综上所述，寻求开展 SME 业务的银行提供的基本信贷产品就是本指引中详细介绍的循环贷款和固定资产投资贷款。

至于服务，只有高净值个人客户和收益率超过一定水平的企业客户才提供关系管理。考虑到 SMEs 较低的财务收益状况，信贷人员将适当控制关系管理工作。召开圆桌会议或研讨会以及开展公益培训活动（由当地高校或培训机构无偿提供）是很好的替代。

SMEs 期望从银行得到什么？

响应时间。或许，SMEs 最重要的要求，也是所有借款人共同的要求就是，对于贷款申请的快速响应。我在发展中国家工作的很多年中，所有 SME 客户最常见的抱怨就是贷款申请程序的拖延。21 世纪，信息与通信技术系统（ITC systems）的出现将有助于显著缩短这些拖延时间。本指引所推荐的贷款方法能够在两个到三个工作日内给予客户贷款与否的审批结果。

产品线。随着中小企业业务市场变得对银行越来越有吸引力（有证据表明，这种情况正在全球范围内发生），竞争将使得这个充满吸引力的细分市场逐渐变得与其他市场相似。需要为 SME 客户提供经过调整的关系管理方法——如果不是个性化的服务——系列高度自动化和/或标准化的产品以满足消费者和企业的需求——信用卡、咨询服务、存款产品、现金管理服务、外币兑换服务、信用证和个人贷款。

简单化和标准化的要求。SME 客户经常抱怨银行所要求的文件缺少透明度和一致性。"文件过度（documentary overkill）"仍然是很多 SME 贷款项目的特征，包括公用事业费账单、高校毕业证书、商会认证、健康证明等类似文件的复印件等。

13. 贷款担保的作用

摘要：本章详细地探讨了支持和反对贷款担保的理由。最终结论是——结构合理的贷款担保有助于 SMEs 获得融资。

在发展中国家，关于贷款担保的价值和效用存在很大的分歧。作者将尝试去概括这两种相反的观点，在不介入的情况下由读者根据其所处的国家或市场的实际情况作出他/她自己的结论。这听起来当然像在"逃避责任"，但不同国家的情况差异巨大。在一种司法体系下，鼓励 SMEs 贷款可能需要担保方式的支持；而在另外一个国家，答案可能就是"不，让银行自担风险"，或者是"使用合作贷款或风险分担流程而不是贷款担保"。在一定程度上，这种争论是毫无意义的。因为，任何人都很难找到一个没有 SME 贷款担保的国家，无论是发达国家还是发展中国家。对任何致力于为 SMEs 提供信贷服务的银行或其他授信机构而言，存在一个可以从中受益的运行中的贷款担保项目都是有益无害的。担保项目可以覆盖 50% ~100%（大多是 75% ~80%）的贷款本金，一般收取 1.5% ~2% 的费用，担保期限可以达到 7 年甚至更长。

支持贷款担保的情况

在具备以下一个或几个条件的国家，贷款担保项目将有利于 SME 贷款业务的拓展：

➢ 银行业体系产生于（或者不是）严重国家所有或控制的经济

中，信贷决策高度集中且取决于重大经济事项或计划经济目标。在这种情况下，单笔信贷业务的决策权不在银行，而由政府预算或投资机构决定。SME 业务尝试作为一个新的业务部门鼓励私人部门的发展。但"新方法"发行银行不具备面对挑战的能力，无法对 SMEs 业务的信贷风险进行分析。

> 当地的授信协议是传统的基于资产的贷款模式；银行的信贷分析能力非常差。

> 市场上，第三方信用评级机构或中央银行征信机构关于企业的信息很少（正如前面所提到的，这种表面上的理由通常被用作拒绝为 SMEs 提供贷款的借口——尽管是站得住脚的理由）。

> 并不是真的鼓励商业银行发放贷款：它们只是扮演着中央财政当局吸收存款的中介，吸收到的存款随后存放到在中央银行的活期账户中。

> 担保项目被看作助产士，目的是帮助培育新生的贷款行业，使商业银行可以有效使用客观的信贷分析标准，最终能够自担风险并停止对担保的依赖。

在具备上述一项或几项特征的情况下，贷款担保可以弥补银行由之前依赖政府指导进行贷款决策逐渐向根据信用状况和潜在现金流分析独立进行信贷决策转变之间存在的缺口。

反对贷款担保的情况

贷款担保使信誉良好的 SMEs 失去获得贷款的机会，实际上使情况变得更加难以接受。如果存在下述情况，贷款担保项目实际上弊大于利：

> 提供 100% 担保覆盖，使贷款银行完全与风险脱钩。

> 导致"道德困境"，贷款人放弃通过严格的信贷分析程序做出可靠的信贷决策的责任，而完全依靠贷款担保的贷款分析程序。

➢ 收取高费率，高费率由商业银行转嫁给借款人，降低了借款人的融资意愿。导致只有信誉较差的借款人才愿意支持高利率的情况——即所谓的"逆向选择"。

➢ 如果担保机构是政府机构，实际上是用国家信用替代了私人信用。

如何消除或降低上述反对担保的情况，实现贷款担保项目扩大 SME 贷款可得性的效果？

以下是一些可行的方法：

➢ 要求商业银行为贷款担保项目提供资本金，使其在担保活动行使所有权。

➢ 为担保项目设定退出年限（比如十年）。

➢ 确保贷款担保的信贷分析程序严谨、完整，并在项目中包含对成员银行的信贷分析培训计划。

➢ 要求参与贷款担保项目的银行逐年提升现行信贷分析的质量。

➢ 一旦银行的信贷分析程序达到标准，将担保项目转变为资产组合方法，放弃对每笔提交的贷款进行方案分析。以规模为目标，对于新的借款人——"增量部分"给予银行自主决策权。

➢ 确保参与担保项目的银行不会用担保方式重新调整已有贷款。

➢ 确保项目可以避免不计代价批准发放次级贷款，或将事实上的救济或补助当成贷款。

➢ 惩罚提交次级甚至是欺诈贷款作为担保对象的贷款机构。

➢ 降低已经超过两年的贷款客户的担保覆盖率。

14. 结论

摘要：通过对遍及全世界的 SME 贷款项目以及 SME 融资持续的系统性障碍的探讨和分析形成本指引。同时，还包含对本指引中提及的主要建议的一些简短评论。

在全世界许多国家，商业银行对进入盈利前景良好但充满挑战的 SME 业务领域的兴趣日渐增长。OECD 估计，SMEs 占全世界各国企业总数的 90% 以上，雇佣人数平均占劳动人口的 63%。最近一项研究发现，发达国家 51% 的 GDP 是由 SME 部门贡献的，而低收入国家只有 16% ——这表明 SME 融资将有助于弥补这个差距[①]。全球超过 50% 的 SMEs 认为融资难是其发展主要制约因素。在发达国家，有许多机构，包括公共的、私人的以及 PPPs，专注于为中小企业提供帮助。而在发展中国家，要将 SME 这一关键部门纳入金融领域还有许多工作有待完成。幸运的是，近年来商业银行已经开始关注 SME 客户的需求（详见下列清单）。

马来西亚中小企业银行，恰如其名，其公司使命是为马来西亚的 SMEs 提供贷款，包括伊斯兰的和传统的金融产品。2011 年，该行从连续几年的亏损中得到恢复，资产总额达到 26 亿美元，其中贷款 12 亿美元。它的网站首页是值得一读的有趣的读本，包含了许多鼓舞人心的语录，如李·艾柯卡、杰克·韦尔奇、乔治·伯恩斯、可可·香奈儿，以及其他人。

DBS 银行。在印度和其他 15 个亚洲国家开展业务，专注于服务 SMEs。该行拥有超过 200 家分支机构，提供关系管理方法，其价值主张包括贷款、贸易融资、证券和信托服务、外币兑换以及债券和资本市场产品。

多年以前，我在蒙古度过了难忘的五个月。这里有两家银行专注于 SMEs 和小额信贷业务，可汗银行（Khan Bank）和萨克银行（Xacbank）。可汗银行是原国家农业银行，现在是一家私营企业，拥有该国最大的银行网络。其中，日本投资者拥有该行 41% 的股份，一个香港公司持有 13%，IFC 在该行拥有 9% 的股份。该行已经由 USAID 下属的一家著名咨询公司/NGO 的咨询顾问管理多年。可汗银行拥有遍布蒙古全国的 512 家分支机构。截至 2011 年 12 月 31 日，可汗银行的总资产为 19 亿美元，贷款为 12 亿美元。萨克银行在 2001 年由两家小额贷款机构合并组成，现在是一家拥有 23 家分支机构的商业银行，专注于小额信贷和 SME 贷款业务。财务报表表明，截至 2011 年 12 月 31 日，该行总资产为 5.72 亿美元，贷款余额 3.75 亿美元。尽管蒙古的银行业体系经历了几次重大的不利冲击，但这两家银行继续在全国拓展 SME 业务，并努力实现了创纪录的盈利水平。

泛美开发银行（Inter – American Development Bank）2011 年的一项调查显示，绝大多数拉丁美洲银行都宣布将以 SME 业务为目标，并预计未来几年信贷资产将继续增长。[②]他们对 SMEs 业务感兴趣的原因如下：

➢ 较高的盈利性；

➢ 资产组合多元化。

2008 年，世界银行研究了 7 个发达国家和 45 个发展中国家的 SME 贷款情况。主要发现如下：

➢ 大多将信用评分作为信用评估过程中考虑的一个因素；

➢ 银行（93%）一般都设立专业的 SME 部门；

➢ 认为 SME 贷款业务"盈利性非常高"；

➢ 主要风险不在于 SME 市场，而是其所在国家经济的不稳定造成的；

> 贷款担保项目是 SME 贷款业务的重要"驱动力量"；

> 信贷部门集中化；

> 四分之三的银行要求抵押物，房地产、现金和短期债券是最常见的抵押物形式③。

本指引有两个目的：鼓励银行积极参与 SME 融资业务——不是出于社会责任，而是由于其盈利性和业务可持续性；为建立成功的中小企业融资项目提供蓝图和指引。

我相信，银行发放 SME 贷款具有坚实的业务和市场基础。本指引中介绍的方法在坚持基本的信贷标准的同时，提供了一个具备经济性和盈利性的 SME 贷款评估和发放的自动化平台。传统的稳健的信贷标准和新技术的良好结合将使得发展中国家更多的信誉良好的 SME 客户可以从银行或其他正规金融部门获得贷款。我希望本书已经达成上述两个目标。

注释

①OECD，"提高金融可得性，关于担保计划的讨论文稿"，达尔贝格，全球发展顾问，"发展中国家金融中介机构支付中小企业发展报告"。

②www. iadb. org.

③世界银行，"全球中小企业银行融资"，政策研究工作论文4 785，2008.

附录 I：信用评分卡模型

类别	权重
业务状况	0.25
市场状况	0.30
声誉	0.30
所有权	0.15
	1.00

类别：业务状况

类别权重：0.25

要素	要素权重	参考答案	分值
开业年限	0.20	<12 个月	20
		1~2 年	35
		3~5 年	50
		6~10 年	70
		>10 年	100
行业类型	0.10	零售业	20
		制造业	40
		批发业	30
		服务业	20
		农业	10

要素	要素权重	参考答案	分值
采购方式	0.20	预付款	0
		现金	10
		≤7 天	40
		8～14 天	60
		15～30 天	80
		>30 天	100
销售方式	0.20	>60 天	0
		31～60 天	60
		15～30 天	40
		8～14 天	20
		≤7 天	80
		现金	100
存货构成	0.10	原材料百分比<25%	0
		原材料百分比25%～50%	20
		原材料百分比51%～75%	30
		原材料百分比>75%	50
法律状态	0.10	未注册	0
		注册	100
公司类型	0.10	个人独资	20
		有限合伙	30
		股份公司	50
	1.00		

类别：市场状况

类别权重：0.30

要素	要素权重	参考答案	分值
产品/服务范围	0.10	单一产品，单一品牌	30
		单一产品，多品牌	40
		多产品	50
产品季节性	0.10	季节性	0
		非季节性	100
原料来源	0.10	不依赖进口	100
		依赖进口	0
供应商数量	0.10	单一供应商	0
		2~5 个供应商	50
		超过 5 个供应商	100
		不适用	100
客户集中度	0.05	前 5 大客户占销售额的比例 <25%	60
		前 5 大客户占销售额的比例 25%~50%	40
		前 5 大客户占销售额的比例 51%~75%	20
		前 5 大客户占销售额的比例 >75%	10
产品或服务的价格敏感性	0.05	低	100
		中	60
		高	40
竞争对手数量	0.05	唯一的产品/服务	100
		<10 个	60
		10~50 个	30
		>50 个	10
产品/服务对替代或过时的敏感性	0.05	低	60
		中	40
		高	0

续表

要素	要素权重	参考答案	分值
行业阶段	0.10	萎缩	0
		成熟	50
		成长	100
依靠政府	0.20	是	0
		否	100
监管冲击	0.10	高	0
		低	50
		无监管	100
	1.00		

类别：声誉

类别权重：0.30

要素	要素权重	参考答案	分值
客户声誉	0.13	差	0
		可接受	50
		好	100
供应商声誉	0.13	差	0
		可接受	50
		好	100
银行记录/关系	0.15	<12 个月	0
		1~2 年	25
		3~5 年	50
		6~10 年	75
		>10 年	100
银行关系质量	0.30	主要问题	0
		新客户，新借款人	0
		当前客户，新借款人	20
		次要问题	50
		非常好	100

要素	要素权重	参考答案	分值
外部信贷记录	0.15	坏	0
		好	100
		未知	20
未结案件或不利判决	0.14	是	0
		否	100
	1.00		

类别：所有权

类别权重：0.15

要素	要素权重	参考答案	分值
相关行业经验年限	0.35	<12 个月	0
		1～5 年	40
		6～10 年	80
		>10 年	100
企业负责人教育背景	0.15	文盲	0
		非正规教育	30
		初等教育	50
		中等教育	70
		高等教育	100
企业负责人年龄	0.20	<25 岁	0
		25～34 岁	30
		35～55 岁	70
		55～65 岁	30
		>65 岁	0
后续规划	0.30	无规划或不可接受的规划	0
		不清晰的后续规划	40
		清晰、可接受的后续规划	100
	1.00		

附录Ⅱ：中小企业贷款申请模板

分行＿＿＿＿业务经办人＿＿＿＿申请人名称＿＿＿＿＿＿

1. 申请人信息

地址＿＿＿＿＿＿出生日期（下拉框）　　性别　男＿＿女＿＿

联系电话＿＿＿＿＿＿

移动电话＿＿＿＿＿＿

2. 公司信息

公司名称（信息字段/Info field）＿＿＿＿　主要产品/服务＿＿＿＿

行业（下拉框：农业、零售业、批发业、制造业、服务业）公司结构（下拉框：个人独资、合伙制、股份公司）商业注册＿＿＿＿

负责人姓名及头衔

姓名＿＿＿＿＿头衔＿＿＿＿＿＿＿股份＿＿＿＿＿%

雇员人数＿＿＿＿＿

3. 基本财务信息

应收账款的日均销售额天数＿＿＿＿＿应付账款的销货成本天数＿＿＿＿＿

存货的销货成本天数＿＿＿＿＿

资产负债表		损益表			
现金	＿＿＿应付账款	＿＿＿销售额	＿＿＿销货成本		
应收账款	＿＿＿银行贷款	＿＿＿销货成本	＿＿＿制造业	销售额约80%	
其他流动资产	＿＿＿其他流动负债	＿＿＿总利润	＿＿＿服务业	销售额约35%	
流动资产总额	＿＿＿流动负债总额	＿＿＿运营成本	＿＿＿商贸业	销售额约70%	
固定资产	＿＿＿其他负债	＿＿＿NIBT	＿＿＿		

续表

总负债　_____

资本金　_____　利息　_____

总资产_____　资产＋负债　_____　税收　_____

净利润_____

说明：

现金：去年银行对账单期末余额

销售额：由客户估算。进行账户周转分析后，用账户 12 月的贷方数据替换。

CoGS：用上表中的比例×销售额。

应收账款：通过客户了解应收账款的日均销售额天数。计算销售额/360×天数。

总利润：销售额－销货成本（自动计算）。

存货：由客户估计存货的销货成本天数。计算 CoGS/360×天数。

营运费用：从下表中自动导入。

固定资产：客户估算并通过独立评估核实。

息税前利润：总利润－营运成本（自动计算）。

总资产：现金总额、应收账款、存货和其他流动资产（自动计算）。

利息：现有贷款，不包括审议中的贷款。

应付账款：供应商授信的存货天数。CoGS/360×天数。

税收：导入本年度数据。

银行贷款：所有的已有贷款和正在审议中贷款。

净利润：NIBT－利息－税收（自动计算）。

其他流动负债：所有到期日在 12 个月或 12 个月以内的负债。

流动负债总额：应付账款、贷款和其他流动负债的总和（自动计算）。

其他负债：所有到期日在 12 个月以上的负债。

资本金：总资产 – 总负债（自动计算）。

总负债 + 资本金：自动计算。

杠杆率

借款人不得超过 1.5 × 资本金或＿＿＿＿＿＿＿＿

营运成本表
（月度）

租金＿＿＿＿＿＿＿＿＿＿＿＿＿＿＿＿

公用事业费用＿＿＿＿＿＿＿＿＿＿＿＿

（电费、水费）

雇员工资＿＿＿＿＿＿＿＿＿＿＿＿＿＿

企业主薪水＿＿＿＿＿＿＿＿＿＿＿＿＿

法律和会计费用＿＿＿＿＿＿＿＿＿＿＿

交通费用＿＿＿＿＿＿＿＿＿＿＿＿＿＿

维护费用＿＿＿＿＿＿＿＿＿＿＿＿＿＿

保险费＿＿＿＿＿＿＿＿＿＿＿＿＿＿＿

广告和营销费用＿＿＿＿＿＿＿＿＿＿＿

其他运营费用＿＿＿＿＿＿＿＿＿＿＿＿

总费用＿＿＿＿＿＿＿＿＿＿＿＿＿＿＿

（求和并自动乘以 12）

银行信息：

银行名称：＿＿＿＿＿＿＿＿　银行联系人：＿＿＿＿＿＿＿＿

联系电话：＿＿＿＿＿＿＿＿　分行地址：＿＿＿＿＿＿＿＿

账号：＿＿＿＿＿＿＿＿＿＿

抵押和担保

抵押物描述＿＿＿＿＿＿＿＿＿＿＿＿

担保人名称＿＿＿＿＿＿＿＿＿＿＿＿

地址/联系电话＿＿＿＿＿＿＿＿＿＿＿

4. 贷款类型

a. 流动资金贷款＿＿＿＿＿＿＿

b. 固定资产贷款＿＿＿＿＿＿＿

a. 流动资金贷款

如果是流动资金贷款，贷款用途是（下拉框：存货＿＿＿＿＿应收账款＿＿＿＿＿同时＿＿＿＿＿）

如果是应收账款，销售条件是（下拉框：30 天＿＿＿＿＿ 60 天＿＿＿＿＿其他＿＿＿＿＿天）

如果是存货，付款条件是（下拉框：现金＿＿＿＿＿ 30 天＿＿＿＿＿ 60 天＿＿＿＿＿其他＿＿＿＿＿天）

是否存在季节性？是＿＿＿＿＿否＿＿＿＿＿如果存在季节性，销售旺季是几月？（下拉框：月份）

预计销售额的年均增长是（下拉框：5%＿＿＿＿＿ 10%＿＿＿＿＿ 15%＿＿＿＿＿ 20%＿＿＿＿＿ 25%＿＿＿＿＿）

高峰期的存货数量是＿＿＿＿＿

应收账款的回收时间是（下拉框：月份）

预计需要现金的时间及最大现金需求金额＿＿＿＿＿＿＿＿＿

b. 固定资产贷款

所需的机器设备或其他固定资产机器费用

项目＿＿＿＿＿＿＿＿＿＿＿＿

＿＿＿＿＿＿＿＿＿＿＿＿

该设备是否能够带动销售额增长？是＿＿＿＿＿否＿＿＿＿＿

未来三年将增长多少？（下拉框：5%＿＿＿＿＿ 10%＿＿＿＿＿ 15%＿＿＿＿＿ 20%＿＿＿＿＿ 25%＿＿＿＿＿）

5. 现金流预测

上一年度的现金流量？现金流入－现金流出＝净现金流。＿＿＿＿＿＿＿＿＿

下一年的季度现金流预测

第一年

	第一季度	第二季度	第三季度	第四季度	全年
现金流入					
期初现金余额					
销售收入					
应收账款回收					
贷款					
现金流出					
购买存货（支付应付账款）					
运营成本支出					
利息和税收支出					
贷款偿付					
贷款净额	0	0	0	0	0
净现金流	最低100	最低100	最低100	最低100	最低100

对于中长期贷款，每年增加现金流预测。

第二年

	第一季度	第二季度	第三季度	第四季度	全年
现金流入					
期初现金余额					0
销售收入					
应收账款回收					
贷款					
现金流出					
购买存货（支付应付账款）					
运营成本支出					
固定资产采购支出					
利息和税收支出					
贷款偿付					
贷款净额					
净现金流	最低100	最低100	最低100	最低100	最低100

第三年

	第一季度	第二季度	第三季度	第四季度	全年
现金流入					
期初现金余额					0
销售收入＋应收账款回收					
贷款					
现金流出					
购买存货（支付应付账款）					
运营成本支出					
固定资产采购支出					
利息和税收支出					
贷款偿付					
贷款净额					
净现金流	最低 100	最低 100	最低 100	最低 100	最低 100

说明

现金：银行对账单的期末余额。

销售收入＋应收账款：根据账户周转分析计算的所有贷方总和。

贷款：本金金额。

净现金流入：（第一行）自动计算。

购买存货：为方便计算，不考虑供应商授信。这段时期的销货成本在这一行支付。

运营费用支出：输入第一页中运营费用的总额除以 4。

利息和税收支出：输入 3 个月的利息和到期税务。

贷款偿付：输入偿付金额（如果按月还款，乘以 3）。

现金流出总额：（自动计算）。

净现金流：必须保留最低的账户余额，确保公司有足够的现金开展下月业务。输入要求的金额。差额部分用于偿还贷款或作为额外的净现金流入。

净现金流是第二季度的期初金额。

清偿期

申请人什么时间清偿贷款本息，并出表两个周的时间？（下拉框：月份）

6. 全年现金流预测

	第一年	第二年	第三年
现金流入			
期初余额			
销售收入＋应收账款			
贷款			
现金流出			
购买存货（支付应付账款）			
运营费用支出			
固定资产采购支出			
利息和税收支出			
贷款偿付			
贷款净额			
净现金流			

说明

现金：银行对账单的期末余额。

销售收入＋应收账款：根据账户周转分析计算的所有贷方总和。

贷款：本金金额。

净现金流入：（第一行）自动计算。

购买存货：为方便计算，不考虑供应商授信。这段时期的销货成本在这一行支付。

运营费用支出：输入第一页中运营费用总额。

利息和税收支出：输入 12 个月的利息和到期税务。

贷款偿付：输入偿付金额。

现金流出总额：（自动计算）。

净现金流：必须保留最低的账户余额，确保公司有足够的现金开展下月业务。输入要求的金额。差额部分用于偿还贷款或作为额外的净现金流入。

净现金流：净现金流是第二年的期初金额。

7. 信用评分

完整的信用评分表应该附在贷款申请表之后。

8. 建议和批准部分

建议贷款

金额＿＿＿＿＿＿＿　　期限（下拉框：66，9，12，18，24，30，36 个月）

用途＿＿＿＿＿＿＿＿＿＿

还款金额＿＿＿＿＿＿＿＿　　建议利率：＿＿＿＿＿＿＿＿

宽限期（下拉框：30，60 天）

还款周期（下拉框：按月，季度，半年，一年）

是否进行了首次实地拜访：是＿＿＿＿否＿＿＿＿

建议人：　业务经办人＿＿＿＿签名＿＿＿＿日期＿＿＿＿

　　　　　分行行长＿＿＿＿＿签名＿＿＿＿日期＿＿＿＿

贷款申请提交日期：＿＿＿＿＿＿＿＿

批准＿＿＿＿＿＿

贷款作业单位　名称＿＿＿＿签名＿＿＿＿日期＿＿＿＿

拒绝＿＿＿＿＿＿

其他信贷审批　名称＿＿＿＿签名＿＿＿＿日期＿＿＿＿

出账审批之前，必须将所需文件提交到（适当部门）。

附录Ⅲ：信贷人员中小企业贷款执行计划表

团队　部门
姓名　分行　计划通过日期

1. 计划通过日期　　签名（信贷人员）　　监督人

贷款类型	第一季度（日期）		第二季度（日期）		第三季度（日期）		第四季度（日期）	
	#贷款	敞口	#贷款	敞口	#贷款	敞口	#贷款	敞口
短期流动资金贷款								
固定资产投资贷款								
循环贷款								

2. 季末的季度回顾（日期）

贷款类型	#贷款				敞口				日均总额
	计划	实际	差距	%	计划	实际	差距	%	已拨付
短期流动资金贷款									
固定资产投资贷款									
循环贷款									
偿付比例	100								

签名（信贷人员）　　监督人

3. 季末的季度回顾（日期）

贷款类型	#存款				敞口				日均总额
	计划	实际	差距	%	计划	实际	差距	%	已拨付
短期流动资金贷款									
固定资产投资贷款									
循环贷款									
偿付比例	100								

签名（信贷人员）　　　　　监督人

4. 季末的季度回顾（日期）

贷款类型	#贷款				敞口				日均总额
	计划	实际	差距	%	计划	实际	差距	%	已拨付
短期流动资金贷款									
固定资产投资贷款									
循环贷款									
偿付比例	100								

签名（信贷人员）　　　　　监督人

5. 季末的季度回顾（日期）

贷款类型	#贷款				敞口				日均总额	已拨付
	计划	实际	差距	%	计划	实际	差距	%		
短期流动资金贷款										
固定资产投资贷款										
循环贷款										
偿付比例	100									

签名（信贷人员）　　　监督人

6. 年度总结

贷款类型	#贷款				敞口				日均总额	已拨付
	计划	实际	差距	%	计划	实际	差距	%		
短期流动资金贷款										
固定资产投资贷款										
循环贷款										
偿付比例	100									

签名（信贷人员）　　　监督人

附录 Ⅳ：首次实地拜访报告清单

企业经营场所独立于企业主家庭住址	是☐ 否☐
经营场所干净、整洁，标示清楚，维护良好	是☐ 否☐
有适当的客户等候区	是☐ 否☐
雇员人数与声明相符	是☐ 否☐
经营场所适合于/方便于其经营业务	是☐ 否☐
现有存货与申请人陈述相符	是☐ 否☐
如果是制造业，机器设备正在运行，生产正在进行	是☐ 否☐
固定资产（包括运输设备）与陈述相符（经过仔细检查）	
	是☐ 否☐
订单和销售记录支持主张的每周、每月的销售额	是☐ 否☐
有财务记录	是☐ 否☐
现金管理得当	是☐ 否☐
电力和水力供应正常	是☐ 否☐
周力环境和经营场所安全状况良好	是☐ 否☐
（防火等）安全防范措施得当	是☐ 否☐

备主及评价：

附录 V：贷款敞口和逾期报告（日期＿＿＿＿＿）

报告人：会计人员＿＿＿＿＿　分行＿＿＿＿＿
部门＿＿＿＿＿

借款人	账号	贷款号	贷款本金	利息	到期还款日	还款金额	未偿还金额	逾期天数								合计
								0～10	11～20	21～30	31～45	46～60	61～120	121～180	360以上	合计
总的贷款组合																
最近30天贷款组合变化							+/- 金额	+/- 金额	+/- 金额	+/- 金额	+/- 金额	+/- 金额	+/- 金额	+/- 金额	+/- 金额	+/- 金额

附录VI：账户盈利性概要（日期_____）

报告人：会计人员_____ 分行_____

部门_____

名称	账号	开户时间	管户人	DDA	储蓄账户	定期存款	贷款	循环贷款	信用卡	信用证	电汇	其他收费	总收益	上月以来的变化

科目关系要素——月收入

术语表

应付账款　公司对供应商的欠款。

应收账款　客户对公司的欠款。

资产　公司拥有的资源。

资产负债表　某个特定日期的关于资产和负债的会计报表。

期终一次还款　单笔还款。

现金流　特定账期的现金来源与运用情况报表。

CDO　债务抵押债券，如抵押担保债券。

清偿期　一段特定的时期，如一个周或一个月。在此期间，流动资金贷款的借款人必须还借款，即不动用其授信。

GoGS　销货成本。

抵押　一笔贷款的实物担保，如厂房、设备、交通工具、贵重物品（珠宝等）以及银行存款等抵押资产。一旦借款人无法偿还贷款，贷款人可以将抵押物变现以抵偿到期借款。

先决条件　贷款发放前借款人必须满足的条件。

DDA　活期存款账户（往来账户）。

违约事件　表明借款人正在违反借款协议条款，并将导致协议无效，且根据本协议所有款项及应付款项应提前到期并偿还。

房利美　联邦国民抵押贷款协会（FNMA）。美国政府发起设立，社会公众拥有的美国政府机构，从银行购买按揭资产并进行证券化后，在二级市场作为抵押担保债券进行销售。

固定资产　土地、建筑物、家具和装饰、设备以及交通运输工具等。

房地美 联邦住房抵押贷款公司（FHLMC）。美国政府发起设立的股票公司上市的公司，在二级市场上购买抵押贷款资产，组成资产池并将其作为资产抵押债券销售。

GDP 国内生产总值。

宽限期 贷款发放与首次还款之间的时间间隔。在此期间内，借款人不必还款；之后，借款人要按月或按季度偿还贷款。

ICT 信息与通信技术。

IFC 国际金融公司，世界银行的一个分支机构。

损益表 特定会计期间内的收入和支出报表。

非正式部门 包含非注册企业的经济部门。

存货 库存的原材料、中间产品和产成品。

连带责任 共同及各别承担全部责任。

关键人保险 对关系贷款本金及利息安全的关键管理人员的个人生命和伤残保险。

信用证 一种银行贸易融资工具，其中详细规定单据条款，及其必须满足的货物装运、付款条款以及银行的付款责任。

资产 公司拥有的资源。

留置权 资产抵押或质押。

贷款组合 按部门划分的贷款或银行资产负债表上的所有贷款。

MIS 信息管理系统。

NGO 非政府组织。

NI 净利润（扣除利息和税收之后，分红之前）。

NIBIT 息税前利润。

NIBT 税前利润。

OECD 经合组织。

透支 允许客户账户透支或负债的信用额度。一旦透支，负债金额需要支付利息。

所有者权益 公司的净资产：资产减去负债。

PPP　公私合营。

承兑汇票　支付特定金额款项的承诺。

R/C　循环授信。

声明与保证　借款人作出的肯定与保证。

循环授信　设定最高上限的透支额度，带有还款条件并按季对授信额度进行调整。

SME　中小企业。

利差　银行资金成本与客户支付的贷款利率之间的差额就是利差。换句话说，即银行的收益率。

（财务）分析　从客户的财务报表中提取数据，并转移到银行或其他贷款机构的报表中（这个过程可能涉及部分资产和负债的重新分类，或将它们由"流动"转为"定期"）。

次级债务　对第三方的次级负债或相对于银行贷款等"优先"债务排位靠后的负债。破产清算时，只有当优先债务全部清偿完毕之后，才会对次级债进行清偿。

长期贷款　期限超过一年的融资。

营业额　销售额。

价值链　作为大企业供应商、分包商或销售商的小企业。

价值主张　为特定额户群提供的系列产品或服务。

保证　借款人作出的肯定声明或保证。

索 引 *

* 按原英文版索引页码。